浙江金融职业学院中国特色高水平高职学校建设系列成果

浙江省高等学校国内访问工程师校企合作项目

"数字普惠金融助力共同富裕的机制研究"（FG2022120）研究成果

杭州市哲学社会科学规划常规性课题

"高质量发展社会信用体系持续优化杭州营商环境的路径研究"（M23YD005）研究成果

金 苑 文 库

CO-CREATION AND SHARING

THE THREE-BODY LINKAGE OF
GOVERNMENT, SOCIAL ORGANIZATIONS AND ENTERPRISES
IN THE CONTEXT OF COMMON PROSPERITY

共创共享

共同富裕背景下
政府、社会组织、企业三体联动

王 兰◎著

ZHEJIANG UNIVERSITY PRESS
浙江大学出版社
·杭州·

图书在版编目(CIP)数据

共创共享:共同富裕背景下政府、社会组织、企业
三体联动 / 王兰著. —杭州:浙江大学出版社,
2023.7
ISBN 978-7-308-23965-3

Ⅰ.①共… Ⅱ.①王… Ⅲ.①社会管理－研究－杭州
Ⅳ.①D675.51

中国国家版本馆 CIP 数据核字(2023)第 116026 号

共创共享:共同富裕背景下政府、社会组织、企业三体联动

王　兰　著

责任编辑	陈思佳(chensijia_ruc@163.com)
文字编辑	谢艳琴
责任校对	陈逸行
封面设计	雷建军
出版发行	浙江大学出版社
	(杭州市天目山路148号　邮政编码310007)
	(网址:http://www.zjupress.com)
排　　版	浙江时代出版服务有限公司
印　　刷	浙江新华数码印务有限公司
开　　本	710mm×1000mm　1/16
印　　张	11.5
字　　数	183 千
版 印 次	2023 年 7 月第 1 版　2023 年 7 月第 1 次印刷
书　　号	ISBN 978-7-308-23965-3
定　　价	68.00 元

前 言

　　2021年5月20日,中共中央、国务院发布了《关于支持浙江高质量发展建设共同富裕示范区的意见》(以下简称《意见》)。《意见》指出,共同富裕不仅是社会主义的本质要求,也是人民群众的共同期盼。《意见》为全国人民描绘了共同富裕社会的理想蓝图,从物质、精神、环境、社会、公共服务等多个角度全面解析了共同富裕的内涵。共同富裕的内涵既包括人民物质生活水平的提高,也包括精神、环境等方方面面,其强调的不仅仅是人民生活质量的提高,更是整个社会的繁荣和进步。《意见》进一步丰富了共同富裕的内涵,立足中国现实国情,对共同富裕进行了清晰而又科学的定位。《意见》也明确指出了实现共同富裕的路径和步骤,将发展相对均衡、代表性较强的浙江省作为首个试点区域,通过分阶段、分步骤的改革,着力探索实现共同富裕的有益经验和有效途径。

　　《意见》充分体现了以习近平同志为核心的党中央深切满足人民群众需求,将实现全体人民共同富裕放在更加重要的位置,反映了党中央对解决我国发展不平衡不充分问题的坚定决心,为浙江高质量发展以及促进共同富裕明确了方向、目标、实施步骤和政策保障。在浙江开展示范区建设的做法有利于及时形成可复制推广的经验,进而为其他地区分梯次、分阶段推进共同富裕,最终在全国范围内实现共同富裕做出示范。因而,浙江共同富裕示范区的建设对全国共同富裕目标的实现具有较高的借鉴价值和意义。

　　根据党中央的指示和部署,2021年7月19日,浙江省委、省政府通过深入调研与反复研究,发布了《浙江高质量发展建设共同富裕示范区实施方案(2021—2025年)》(以下简称《方案》)。《方案》进一步明晰了浙江省作为首个高质量发展先试先行示范区的改革思路,从居民人均可支配收入的数量、居民收入结构、城镇化率、城乡发展差距等多个角度进一步明确了浙江省的改革目标、实施要点和保障措施。从《意见》和《方案》的描述来看,共同富裕建设任重而道远。浙江作为共同富裕的先试先行示范区,正在探索一条从未有人走过的路。在这场前所未有的改革中,政府、社会组织、企业作为社会治理的主体,如何找准定位、抓住机遇、互补互助、发挥所长、形成三体联动机制,既为浙江率先实现共同富裕发挥应有的作用,创造更多的价值,又能以此为契机,将改革的压力转化成倒逼自我提升的动力,这是本书努力探索的方向。

本书共分为六章:第一章是导论部分,主要介绍本研究的时代背景、基本思路、主要内容,以及研究价值;第二章是国内外研究现状,主要介绍本研究的相关理论基础,国内外有关共同富裕、政府职能、社会组织、企业社会责任的研究现状;第三章是政府在共同富裕建设中的功能定位,主要介绍有关政府及政府职能的基础知识,政府在共同富裕建设中的作用与角色定位,以及如何推进政府职能转变,完善共同富裕组织保障;第四章是市场在共同富裕建设中的功能定位,主要介绍市场及市场经济的基础知识,市场经济在共同富裕建设中的作用,市场主体在共同富裕建设中的角色定位,以及如何完善社会主义市场经济,夯实共同富裕的物质基础;第五章是社会组织在共同富裕建设中的功能定位,主要介绍社会组织的基础知识,社会组织在共同富裕建设中的作用、角色定位,社会组织公信力情况调查,以及如何提升社会组织的公信力,促进共同富裕全面推进;第六章是政府、社会组织、企业三体联动研究,主要分析了共同富裕建设面临的机遇与挑战,政府、社会组织、企业三体联动的具体内容、前提条件、保障机制,以及政府、社会组织、企业应当避免进入的误区等。

王　兰

2022 年 12 月

目　录

第一章 导 论

第一节 研究的时代背景

从古至今,人类对于共同富裕理想的探索从未停止过。在一代又一代学者和先驱的探索下,共同富裕的内涵不断完善,并呈现出显著的时代性特征。空想社会主义经过数百年的发展,在 19 世纪达到了顶峰,成为科学社会主义的理论源泉。科学社会主义在继承空想社会主义合理成分的基础上诞生,为中国共产党共同富裕思想的产生奠定了理论基础。中国共产党又从中国传统文化中汲取精华,形成了独特的社会主义共同富裕观。新时期,在以习近平同志为核心的党中央带领下,我国共同富裕稳步推进,经济总量持续增长,国内生产总值稳居世界第二,人民民主不断扩大,文化软实力显著增强,生态文明建设取得明显成效,人民生活水平不断提高。在这种背景下,习近平总书记进一步丰富了共同富裕的内涵,将共同富裕的实施提上日程,创造性地开辟了共同富裕示范区的伟大实践。

一、新时代共同富裕示范区建设的伟大实践

党的十八大以来,党中央及时把握历史发展规律和时代发展特点,带领全国人民打赢了脱贫攻坚战,彻底消灭了贫困,实现了全面建成小康社会的伟大目标,为实现中华民族伟大复兴和共同富裕的崇高理想创造了良好条件。当前,我国已经踏入了进一步推进共同富裕建设的历史新阶段。根据习近平总书记关于共同富裕思想的指导意见,2021 年 5 月 20 日,中共中央、国务院印发了《关于支持浙江省高质量发展建设共同富裕示范区的意见》(以下简称《意见》)。《意见》进一步明确了共同富裕的内涵,从物质、精神、环境、社会、公共服务、人的全面发展和社会全面进步的角度丰富了共同富裕的内容,指出"共同富裕具有鲜明的时代特征和中国特色,是全体人民通过辛勤劳动和相互帮助,普遍达到生活富裕富足、精神自信自强、环境宜居宜业、社会和谐和睦、公共服务普及普惠,实现人的全面发展和社会全面进

步,共享改革发展成果和幸福美好生活"。它把共同富裕的内涵从简单的物质要求拓展到物质、精神、社会等多方面的全面发展,从人的全面发展拓展到社会的全面进步,从人的社会生活拓展到生态环境的改善等。《意见》勾勒了中华民族共同富裕的理想蓝图,制定了实现共同富裕的具体实施步骤,作出了在浙江省建设首个共同富裕示范区的重大决定,开启了新时代共同富裕建设的伟大实践,在中国乃至世界历史上都具有极其重要的时代意义。

(一)共同富裕示范区建设充分回应了人民群众的深切渴望

近代,面对列强的侵略和压迫,清政府的软弱和无能使中国人民饱受苦难与屈辱。整个近代史可以说是中国人民的血泪史,压迫和反压迫的斗争史。为了实现民族复兴,许多仁人志士不屈不挠、前仆后继,进行了艰苦卓绝的斗争,但最终还是改变不了当时的社会性质和中国人民悲惨的命运。被压迫、被奴役的人民群众无不渴望和平、安宁、独立的生活。中国共产党建党以来,经历过新民主主义革命、社会主义改造、社会主义建设等,带领全国各族人民完成了中华民族有史以来最广泛、最深刻的社会变革,为当代中国的社会进步和发展奠定了根本性的政治前提与制度保障。改革开放以来,中国共产党创造性地开辟了中国特色社会主义道路,经过几十年的共同努力,社会生产力迅速提升,综合国力明显增强,人民生活水平显著提升,实现了从衣食不足,到整体小康,再到全面小康的飞跃。特别是党的十八大以来,全面建成小康社会取得了伟大的历史成就,为推进共同富裕建设奠定了坚实的发展基础。随着我国开启全面建设社会主义现代化国家的新征程,人民关于共同富裕的理想不再遥不可及。以习近平同志为核心的党中央将促进全体人民共同富裕摆在更加重要的位置,这不仅是新时代深切回应人民群众迫切渴望的具体体现,也是为人民服务的宗旨落地的具体体现。

(二)共同富裕示范区建设是新时代党的重大历史使命

坚持社会主义制度与实现共同富裕是中国共产党的重要目标。从社会主义学说的发展历史来看,从其诞生之日开始,社会主义就把实现共同富裕作为理想追求。从中国共产党的发展历史也可以看出,自诞生之日开始,中国共产党就以马克思主义作为指导思想,以带领全国人民实现民族独立、国家富强为己任,以实现共产主义作为自己的最高理想和最终目标。中国共产党已经在实践中证实了马克思主义关于生产力和生产关系的论断,只有消除贫富差距,避免两极分化,实现共同富裕,才能进一步解放生产力,实现人的全面发展。在过去国内外环境复杂、基础薄弱、物质条件不足、生产力发展滞后的情况下,中国共产党立足国情和现实,采取阶段性战略,实现了一些地区、一些企业、一些工人与农民先富起来的阶段性战略目标。随着物质条件的好转,以及全面建成小康社会目标的实现,中国初步具备实现共同富裕的条件和基础,现在已经到了稳步推进共同富裕的历史阶段。满足人民群众对幸福、美好生活的向往和对共同富裕的追求成为新时代党的重大历史使命。

（三）共同富裕示范区建设是基于客观现实的战略部署

尽管共同富裕的思想已经成为人们对美好生活的追求和期待,但是,究竟什么是共同富裕? 如何实现共同富裕? 对于这两个问题,没有一个社会主义学说能够给出准确的答案。从实践的角度来看,无论是空想社会主义还是科学社会主义,都没有将共同富裕从理想变为现实。我国社会主义是在生产力极度落后的基础上建立起来的,这与马克思、恩格斯所设想的构建社会主义的基础条件完全不同,也没有一个现成的理论或者实践可以参考。在这样一个基础薄弱、人口众多的国家,究竟如何建设社会主义、实现共同富裕,更是没有历史和经验可以借鉴。在这样的背景下,采取建立示范区的方式进行小范围的尝试,有助于形成可复制推广的经验做法,为其他地区逐步推进,最终实现全体人民共同富裕作出示范。同时,也可以避免由大跨步、大面积推进带来的巨大风险。此外,我国发展不平衡问题仍然突出,城乡区域发展与不同群体间收入分配差距较大,发展质量和效益有待提高,人民生活质量有待改善,精神文明和生态文明建设还有较大的提升空间,距离共同富裕的要求仍有很大差距,不同地区推进共同富裕的现实基础和条件也不尽相同。促进全体人民共同富裕在短期内是难以全面实现的,因此迫切需要选择一些条件相对成熟的地区先行试点、示范,以减少改革过程中可能遇到的各种风险。

二、共同富裕建设的浙江探索

《意见》的发布受到了社会各界的广泛关注。为什么要选择浙江作为首个共同富裕建设示范区？事实上，浙江早已经在共同富裕建设之路上先行一步。21 世纪初，面对浙江因发展走在前列而遇到的诸多瓶颈问题，习近平同志以浙江先行先试的政治勇气和政治智慧，率先作出了"八八战略"的重要部署，围绕浙江全面建成小康社会和提前基本实现社会主义现代化的目标，开启了一系列的重大改革与实践，使浙江的共同富裕建设一直处在领先行列。浙江具备共同富裕先行先试的一系列条件：一是富裕程度高。2020年，浙江省生产总值为 6.46 万亿元，人均生产总值超过 10 万元，居民人均可支配收入为 5.24 万元，仅次于上海和北京，是全国平均水平的 1.63 倍。二是发展均衡性较好。城乡居民收入倍差为 1.96，远低于全国 2.56 的平均水平，城、乡居民收入分别连续 20 年和 36 年位居全国各省区第一。浙江也是我国唯一一个所有设区市居民收入都超过全国平均水平的省份。同时，浙江在现代法治、富民惠民、政务水平、市场经济、绿色发展等多个领域也取得了显著成就，在全国处于领先地位。三是改革创新意识较强。浙江自古就有经商传统，改革开放以后，更是及时抓住机遇，创造了惊人的物质财富。浙江不仅民间富裕程度较高，政务管理水平也较高。浙江率先探索创造了"最多跑一次"等政务管理模式，显示出浙江具有较强的改革创新意识。①

同时，浙江具备开展示范区建设的空间和潜力，且能够及时总结、提炼改革过程中遇到的问题和得出的经验。浙江在优化支撑共同富裕的经济结构，完善城乡融合、区域协调的体制机制，以及实现全面增长的有效途径方面有很大的探索空间。如何正确处理就业稳定与技术进步的关系？如何有效解决发展过程中用地不足、资源约束等矛盾？如何形成先富助后富，建立

---

① 为促进全体人民共同富裕探索路径——就支持浙江高质量发展建设共同富裕示范区访国家发展改革委有关负责人. (2021-06-10)[2022-07-25]. http://www.gov.cn/zhengce/2021-06/10/content_5616869.htm.

有效提高低收入群体增收能力的长效机制？如何防止垄断和资本无序扩张？这一系列问题都需要通过探索创新来解决，因为这些问题在全国都普遍存在。浙江省在全国具有较强的代表性，因此能够及时总结，形成可复制的推广经验。从规模上看，浙江省陆域面积为10.55万平方千米，截至2021年末，全省常住人口为6540万人。从地理区划上看，浙江位于东南沿海，自古就有"七山一水二分田"之说，区域内有山、有田、有水，地理环境的代表性较强。从城乡布局上看，浙江农村户籍人口占一半，因此具有一定的典型性。

综合而言，浙江省富裕程度高、城乡发展均衡性好，在探索解决发展不平衡、不充分的问题上已经取得明显的成效，具备了开展共同富裕示范区建设的基础和优势。浙江人民大胆改革、勇于探索的精神品质有利于共同富裕示范区建设的顺利推进，也便于经验和制度模式的及时汇总、提取。通过改革，在浙江率先形成促进共同富裕的目标体系、工作机制、政策支持、评价体系，可以积累经验，提供榜样，为在全国范围内推进共同富裕建设提供借鉴。

《意见》出台后，浙江省委、省政府及时响应党中央、国务院战略部署，充分调查，深入研究，出台了《浙江高质量发展建设共同富裕示范区实施方案（2021—2025年）》（以下简称《方案》），细化了共同富裕的建设目标、定位和实施措施。《方案》明确了浙江将作为首个共同富裕先行示范区，在2025年实现"四个率先"，其分别是：率先基本建立推动共同富裕化的体制机制和政策框架，努力成为共同富裕改革探索的省域范例；率先基本形成更富活力、创新力、竞争力的高质量发展模式，努力成为经济高质量发展的省域范例；率先基本形成以中等收入群体为主体的橄榄型社会结构，努力成为地区、城乡和收入差距持续缩小的省域范例；率先基本实现人的全生命周期公共服务优质共享，努力成为共建共享品质生活的省域范例。同时，《方案》也强调要让：人文之美更加彰显，努力成为精神普遍富足的省域范例；生态之美更加彰显，努力成为全域美丽大花园建设的省域范例；和谐之美更加彰显，努力成为社会和睦、团结向上的省域范例。《方案》进一步明确了共同富裕示范区建设的具体目标和指标,从居民人均可支配收入、劳动报酬占比、群体收入结构、家庭年均可支配收入、城乡发展差距等多个角度,进一步勾勒了共同富裕的蓝图。这种将共同富裕用若干指标加以量化的形式在人类历史上前所未有,是中国共同富裕建设的重要突破,也是人类历史上关于共同富裕建设的重要探索。

浙江高质量共同富裕示范区的设立和建设,显示了以习近平同志为核心的党中央对什么是共同富裕,以及如何分步骤、分阶段地实施共同富裕建设有着更具体的设计,标志着党和政府把深入推进全体人民共同富裕提上日程,作为全面推进社会主义现代化建设的重要工作。因此,第一个共同富裕示范区的建设不仅关系到浙江的发展,也关系到全国共同富裕工作的全面推进,还关系到社会主义现代化进程,并影响着党和国家的建设。

第二节 研究的基本构架与价值

一、研究的基本构架

(一)研究的基本思路

本书将共同富裕建设以体育赛事作为类比,从充分分析政府、社会组织、企业等社会治理的三大主体在共同富裕中的功能定位出发,着力探索三者在共同富裕建设中的努力方向,并以此为基础,按照"政府办赛、社会组织协作、企业参赛"的角色互动思路,提出政府、社会组织、企业三体联动的理论模型,具体思路如图1-1所示。

(二)研究的主要内容

本书共分为六章,每章论述的内容可概括如下。

第一章,导论部分。主要介绍本书的时代背景、基本思路、主要内容以及研究价值。

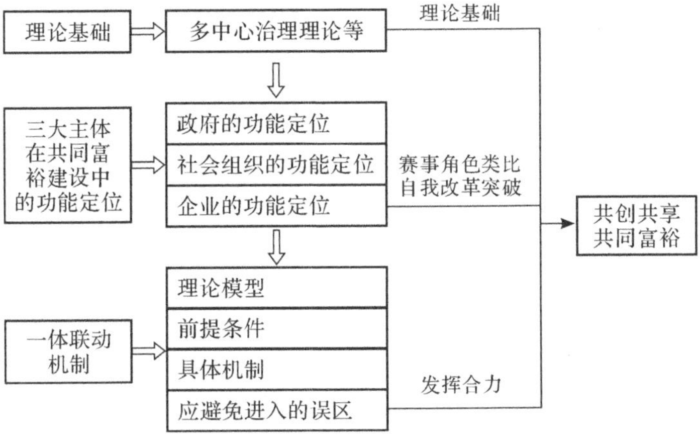

图 1-1 研究的基本思路

第二章,国内外研究现状。主要介绍本书的相关理论基础,以及国内外有关共同富裕、政府职能、社会组织、企业社会责任的研究现状。

第三章,政府在共同富裕建设中的功能定位。主要介绍有关政府及政府职能的基础知识,政府在共同富裕建设中的作用、角色定位,以及如何推进政府职能转变,完善共同富裕组织保障。

第四章,市场在共同富裕建设中的功能定位。主要介绍市场及市场经济的基础知识,市场经济在共同富裕建设中的作用,市场主体在共同富裕建设中的角色定位,以及如何完善社会主义市场经济,夯实共同富裕的物质基础。

第五章,社会组织在共同富裕建设中的功能定位。主要介绍社会组织的基础知识,社会组织在共同富裕建设中的作用、角色定位,社会组织公信力情况调查,以及如何提升社会组织的公信力,促进共同富裕全面推进。

第六章,政府、社会组织、企业三体联动研究。主要分析了共同富裕建设面临的机遇与挑战,政府、社会组织、企业三体联动的具体内容、前提条件、保障机制,以及政府、社会组织、企业应当避免进入的误区等。

二、研究的主要价值

(一)理论价值

第一,首次提出了赛事类比的理念。本书以体育赛事来类比,将政府、社会组织、企业在共同富裕建设中的角色用体育赛事中的主办方、协办方、运动员等进行类比,形象生动而又定位清晰,有助于政府、社会组织、企业在共同富裕建设中找准定位,发挥合力。

第二,首次提出了政府、社会组织、企业三体联动模型。共同富裕的建设吸引了全社会的关注,不同学者从不同角度对共同富裕建设加以研究。但是关于政府、社会组织、企业在共同富裕建设过程中分别扮演什么角色,发挥什么作用,三者之间是什么样的关系以及应该如何形成合力联动发展的研究则相对较少。本书填补了相关研究领域的空白。

第三,首次提出了社会组织信用体系的理念。打破了以往学者按照主体不同将信用体系分为个人信用体系、企业信用体系和政府信用体系三大类的划分方式,提出社会组织信用体系的概念,并对其内涵与外延分别予以界定。本研究还提出构建社会组织信用体系的设想,并从信息的收集、记录、管理、应用、失信惩戒、保障等多个角度探索社会组织信用体系的建设,将信用体系的有关理论引入社会学领域,进一步拓宽了传统社会信息体系建设的研究范围和研究视角。

(二)实践价值

第一,有助于推进共同富裕建设。共同富裕作为社会主义的本质要求,涉及方方面面,是非常复杂的攻坚工程,不可能一蹴而就。在这场前所未有、史无前例的改革中,需要政府、社会组织、企业等各方的共同努力。本书从政府职能改革、市场经济机制运行、社会组织信用建设等多个角度探析政府、社会组织、企业的改革方向和重点,以期为共同富裕建设提供有益思考。

第二,有助于推进政府职能转变。政府作为公共利益的最大代表,理应在共同富裕建设中发挥主导作用。本书提出的关于有限政府、法治政府、服务型政府、数字政府等的理念和思想进一步明确了政府职能转变的方向,为政府应该如何顺应潮流,转变职能,更好地促进政治、经济、社会等各项事业的发展等问题提供了有益的思考。

第三,有助于提升企业经济效益。企业作为社会公民,对资源和环境的可持续发展负有不可推卸的责任,而企业积极履行社会责任,通过技术革新降低生产活动可能对环境造成的伤害,既可以降低能耗、节约资源,也可以降低生产成本,使产品价格更具竞争力。本书从企业履行社会责任的角度出发,认为企业在履责的同时,实现企业经济责任、社会责任和环境责任的动态平衡,不仅有利于共同富裕的建设,也有利于企业经济效益的提升。

第四,有助于社会组织的健康发展。本书提出的构建社会组织信用管理体系的理念,对于规范社会组织信息公开行为,加强失信社会组织惩戒,提高社会组织失信成本,改变社会组织良莠不齐、公信力偏低的状态,强化社会组织诚信、自律,以及促进社会组织健康、有序发展等方面具有积极意义。同时,运用现代信息技术的有关手段对社会组织的信用信息进行收集、记录和管理,有助于改善我国对社会组织监管不足的问题,使政府对社会组织的管理由静态走向动态。

第二章　理论基础与现状分析

第一节　理论基础

体现大多数人利益,保障社会平衡发展,能最大化集体利益的主体到底是谁?这是古今中外有识之士经常讨论的话题。在传统社会形态中,国家政府显然是最重要的,也是唯一的责任主体。随着市场经济的发展,企业(特别是超大型企业)在获得巨大经济利益的同时,也创造了丰富的物质和精神成果,极大地促进了社会的发展和人民群众生活水平的提高。那么,政府与企业之间是什么样的关系?两者之间应该如何分工协作使社会治理更有效率?除此之外,是否还有能够填补两者之间存在着的诸多空白和漏洞的组织形态?对于上述问题,许多学者提出了各自的见解。

一、市场失灵和政府失灵理论

古典经济理论认为,公共服务的供给主体有且只有政府。也就是说,只有政府可以向公众征税以强制获得公共服务的供应费用,然后再生产公共服务,以此来满足公众的需求。在这一时期,强调国家作用的凯恩斯主义盛行,在这种观点的影响下,发达资本主义国家相继发展成为福利国家。然而,随着社会的发展和时间的推移,民众对政府的期望值越来越高,社会各界的利益诉求也越来越复杂。面对民众的诉求,政府竭力回应,因而公共服务的规模和预算都在迅速膨胀。可即便如此,政府提供的公共服务还是难以让人民群众满意。这主要是因为在民主社会,完全由政府提供的公共服务带有明显的"中位选民"倾向,政府的性质和能力决定了其仅能提供得到广大选民支持的集体物品,而经常忽略或难以满足小规模集体的利益要求。一些人对公共服务的需求是正当的,也是迫在眉睫的,但由于得不到大多数人的支持,无法从公共部门获得满足,因此产生了所谓的政府失灵。

那么,将部分公共服务投入市场,由各类企业组织根据市场经济运行模式来提供是否可行呢?在经济利益的驱使下,民众更加个人化、多样化的需求自然会有相应的企业通过接单来满足其需求,但一旦道路、桥梁等具有不可分割性和非排他性的集体物品生产出来,个人即使不付费也能享受这些公共物品和服务,这就必然引起各种"搭便车"现象。根据"经济人"的假设,在能够免费使用的情况下,人们通常不会主动付费。这意味着提供这些公共物品带来的利润是非常有限的,而这必然会导致企业生产公共物品的动力降低,市场自然就会不再提供或减少公众所需的公共物品。因此,如果把公共服务交给市场,就会出现供不应求的情况,这就必然会导致市场失灵。20 世纪 30 年代的经济危机就充分暴露了市场固有的缺陷。

上述的分析表明,单靠政府和市场都不可能完全满足人民群众的个性化需求。在政府、市场同时失灵的情况下,理论家和实践家为了解决当前的困境而寻求新的公共服务提供模式,因此第三部门介入公共服务的提供成为绝佳的选择。1974 年,美国经济学家伯顿·韦斯布罗德率先提出了市场失灵和政府失灵的理论。这一理论揭示了非营利组织存在的意义,不是为了提供大多数人需要的集合物,而是为了满足一定范围内的、小部分人的个性化需求。社区越多样化,非营利组织存在的必要性就越大。当然,单纯依靠志愿服务也是不可能的,非营利组织也离不开政府的支持和市场的合作。市场失灵和政府失灵理论强调,非营利组织不是市场和政府的替代,而是一个合作性网络中不可缺少的一部分,三者相互补充、相互监督,共同提供高效、优质的公共服务。

二、新公共管理理论

20 世纪 70 年代,石油危机引发了诸如经济衰退、西方国家高额财政赤字、福利国家负荷过重等一系列政治、经济问题,加之经济全球化和新技术革命的兴起,人们对政府公共管理提出了更高的要求。西方国家公共行政管理改革浪潮也由此掀起,与之相应的是新公共管理理论也在悄然兴起。传统层级控制的官僚统治形态不能适应不断变化、动态复杂的现代社会,社会呼唤政府、企业和第三部门共同努力,建立一种有限度、响应快、参与程度高、透明化、讲诚信、负责任、识法、高效、公平的现代公共管理模式。

　　作为一种新兴的理论思想,新公共管理理论以现代经济学和私营企业管理理论为理论基础,这和以往的管理理论有着显著的区别。新公共管理理论主张用企业家精神来改造政府行为,它试图将一些企业经营管理的方法在政府部门进行推广,希望政府能够像民营企业一样提高效率。特别重要的一点是,政府要像服务的提供者那样对他们的客户负责,在提供服务的过程中不断创新模式和技术,降低成本,增进质量,也要认真倾听顾客的声音,把产品放在顾客手中,让顾客自己选择。

　　新公共管理理论主张公共部门应当借鉴私营部门的管理方法和手段,并试图从私营部门的经营管理中汲取经验。比如,该理论认为,和韦伯所提倡的僵化科层制相比,私营部门的组织形式对生产和结果都高度重视,形式也更加灵活,且效率更高。私营部门的用人机制也更加灵活,员工不是一经录取,永久保障,而是采取灵活的合同雇用制,可以根据企业发展需要随时调整自身的用工情况,绩效工资制也更能激发员工工作的积极性,激励效果更好。目标管理、绩效管理等一些私营部门成功运用的管理方法完全可以用于公共部门的管理。新公共管理理论认为,公共部门与私营部门在管理上没有本质的区别,但私营部门的管理方法更有优势,因此需要借助私营部门的管理模式对政府进行重构。在此背景下,它主张将竞争引入公共领域,在政府与私营部门之间开展竞争,打破政府垄断的公共服务提供,以顾客为导向,改善公共物品和服务质量。

　　在新公共管理理论的影响下,西方国家相继发起了一场新的公共管理运动。各国政府改变过去私营部门几乎不用承担公共责任的姿态,纷纷重塑公私、国家和社会的关系,将市场和社会力量引入公共管理,强调政府职能市场化、政府行为法制化、政府决策民主化和科学化、政府权力多中心化,把改革的矛头指向传统官僚制的方方面面,倡导建立与后工业社会和信息时代相适应的后官僚制行政模式。新一轮公共管理改革在相当程度上提升了西方国家的公共管理水平,客观上促进了西方国家的经济和社会发展,极大地满足了社会公众更多的公共服务需求,并增强了西方国家在国际社会中的竞争力。然而,这种新的公共管理模式也存在许多缺点和不足,例如对市场的迷信、不当的"顾客"隐喻、公私管理的混淆等,因此受到了许多学者的强烈批评。它本质上强调的仍然是以政府为中心的社会治理模式,而这种单中心的理论设计却已经难以适应社会发展的需要,无法满足人们多元化和复杂化的社会需求。

三、多中心治理理论

20 世纪 90 年代,以奥斯特罗姆夫妇为中心的研究者们对发展中国家农村社区的公共池塘资源进行实证研究时发现,无论是集权制还是分权制,本质上都是单中心统治的制度结构,决策权实际上还是集中在少数当权者手中。而大量的实践证明,这种单中心统治的制度结构,不管是完全的政府调控还是市场运作,都需要花费高昂的战略成本和信息成本,且都会造成资源的浪费和效率的降低。为了突破单中心治理结构的弊端,提高社会治理效果,奥斯特罗姆提出了多中心治理模式,他主张社会的管理主体不应当局限于政府或者其他某一单一的主体,而应该引入市场交易主体、社会主体共同参与,使三者在不同运行机制的作用下相互协调、共同管理公共事务。这样就可以将规则制定权、决策的执行权从某一单一的治理中心分散到多个治理主体。多中心治理模式将权力分散给多个主体,社会统治功能由多个权力中心共同承担,可以最大限度地避免某个人或某个利益集团操控社会,侵犯公共权益的情况出现。

多中心治理理论认为,不管是政府、企业,还是社会组织,只要其遵守相应的治理规则,都可以在各自的领域采取恰当的方式参与社会治理。这三者之间还可以同时开展适度的合作或竞争,合作或竞争本身都能带来社会公共事务的自主治理能力和效率的提高。多中心治理理论提出的构建社会治理网络来管理公共事务,为如何处理政府、社会组织、企业三者之间的关系提出了新颖、可行而又高效的解决思路和工具。因此,该理论自问世以来,颇受学术界的关注和青睐。

在多中心治理理论运行模式中,治理主体由政府主体、交易主体和社会主体三者构成,每个主体里还包括若干个体。政府主体即相应的政府部门,交易主体主要包括购、销双方,社会主体主要包括行业协会、福利机构和社会团体等。交易主体和社会主体在行使治理功能的同时,也是被治理者。自治组织并不是也不能取代政府,而是政府职能的补充。它的作用发挥除了要靠政府权威保障,还要求发挥交易主体、社会主体的作用。这打破了权力集中在某一个统治者手中的集权框架,使权力分散在多个决策中心,多个主体共同行使社会治理功能,形成新的多中心治理模式。这在很大程度上提高了公共物品供给领域的竞争性,推动了社会多元共同治理的发展。多中心治理模式既满足了更多人民群众的需要,又提高了公共服务质量和社会治理效率。

四、综合社会契约理论

在 17—18 世纪的欧洲,封建社会的生产关系逐渐衰落,资本主义生产关系开始形成。市场经济体系中的各种因素增长迅速,专门从事生产、贸易的商人群体已经形成,按买卖合同履约成为社会普遍现象。霍布斯、洛克、卢梭等资产阶级启蒙思想家及时捕捉到时代变化的信息,把握住社会形态交替的时代特征,创造性地提出了关于国家存在的政治学说——社会契约论。社会契约论认为,人生而平等和自由,国家是人民通过社会契约缔结而成的产物,国家应当保卫人民的安全和能够享受的权利,如果国家违反约定,那它就是不道德、不合法的,就应该被推翻。

随着市场伦理研究的不断深入,社会契约论又被引入经济学领域。1994 年,美国宾夕法尼亚大学沃顿商学院的教授托马斯·邓菲和乔治敦大学商学院的教授托马斯·唐纳森在汲取了社会契约论的思想之后,对霍布斯的丛林规则假设、罗尔斯的无知之幕假设和洛克的自由状态假设进行了修订,提出了一种综合社会契约论,用来解决全球商业活动中的伦理冲突。该理论体系由三个层次构成,分别是最高规范、宏观社会契约、微观社会契约。最高规范就是人们普遍认可和遵守的道德规范,尽管不同地域、不同种族之间存在文化差异,但最高规范本身代表着人们生存所必须具备的生存准则,具有广泛的代表性,是建立其他所有规范的基础。宏观社会契约是在最高规范的基础上,为建立微观社会契约而制定的各种法律或者职业规范,它具有假设性、广泛性等特征,是所有理性主体之间形成的合意假设。相比之下,微观社会契约更加具体,它是指在某一特定的社会背景下,交易双方、工会组织等主体之间缔结的真实契约,对交易双方更具有约束性。

综合社会契约理论将契约看作企业维护各方关系、正常开展经营的基础,将契约放在企业经营、社会生活中更加突出的位置。需要指出的是,这里的契约不仅仅是指契约双方签订的正式合同条款,也包括各种伦理道德、职业准则等。在合同缔结的过程中,企业与各种利益相关者签订合同,企业可以被视作中心合同人,存在一系列与显性契约者和隐性契约者的关系。其中:显性契约者包括股东、合作伙伴、员工、客户等直接利益相关者;隐性契约者包括政府主管部门、社会组织、相关利益群体、媒体等间接利益相关者。企业是将两者结合起来的重要纽带。

综合社会契约理论更看重企业与隐性契约者的关系,它认为企业与政府之间存在隐形契约关系,政府应为企业在合法经营环境下开展正常的经营活动提供必要保障。而无论经营状况如何,企业都要妥善应对政府的要求,主动履行社会责任,以此来获取政府部门的支持。在明确政府与企业之间合同关系内容的同时,也不能忽视合同的不完整性这一客观存在的事实。由于有限理性、信息不完整性以及交易事项的不确定性等因素的存在,政府与企业之间不可能创建完整合同,合同的不完整性必然且会经常存在,而合同的不完整性又有可能增加政府推进企业社会责任建设的成本。

综合社会契约理论为企业履行社会责任提供了一个全新的理论依据和研究框架,即政府为企业提供合法、稳定的经营环境,保障其持续开展经营活动,而企业则要以增加员工利益、维护消费者权益和社会利益等作为对等的回应,这些内容应当成为企业应尽的社会责任。在企业履行社会责任的过程中,要积极、主动与政府开展沟通和对话,良好的契约关系是企业生存和发展的必要保障。而政府与企业之间的契约不完全性也将造成政府管理成本的增加,当增加的交易费用超出政府能够负荷的极限时,政府就容易出现监管失灵的情况。因此,应当尽力降低企业与政府间合同的不完整性,以降低政府的交易费用,促进政府更好地推进企业的社会责任建设。

上述几种理论分别从不同的角度阐述了政府、社会组织、企业三者之间的关系,以及各自在社会治理领域应承担的责任和义务。虽然上述理论各有局限性,但均将政府、社会组织、企业纳入了社会治理体系,将三者视为社会治理不可或缺的、互补的责任主体,为本书将三者作为共同富裕的建设主体进行研究奠定了理论基础。

第二节　国内外研究现状

一、关于共同富裕的研究

共同富裕是中华民族最为古老的理想之一。围绕"共同富裕"这一主题,无数学者和仁人志士都曾进行过探索与实践。当前,学术界关于共同富裕的理论研究非常多,仅在中国知网上以"共同富裕"为关键词的相关文献就有上万条。共同富裕既是中国特色社会主义的本质要求,也是当前中国学术界和理论界研究的重大课题。全面建成小康社会以来,社会各界关于共同富裕的研究更是层出不穷。

(一)国外关于共同富裕的研究

国外关于中国特色社会主义共同富裕的研究专著相对较少。在中国改革开放以前,国外很多关于共同富裕的研究都是以介绍我国领导人背景的形式出现。随着改革开放的深入,越来越多的学者将目光聚集到中国特色社会主义建设上来,一些具有代表性的专著开始陆续问世,特别是1992年以后,中国特色社会主义建设愈发受人关注。代表性的文献有美国主编罗德里克·麦克法夸尔的《中国政治:毛泽东与邓小平时期》等。随着中国综合国力的提升,国外学术界开始关注"中国模式"和中国道路,相关的研究领域逐渐拓宽,分析深度也在不断提高,观点与结论基本符合中国实际。

国外关于经济发展、收入分配、社会公平等方面的研究文献较多，其中，有"现代经济学之父"之称的亚当·斯密的《国富论》作为经济学史上最经典的著作之一，是研究共同富裕问题必不可少的基础理论。《国富论》第一次提出了市场经济如同一只"看不见的手"，会自行调节经济发展，还揭示了分工和交换增加财富的原理，并描述了整个国民经济的运行过程，认为国家应当遵循"看不见的手"的规律以促进人民富裕（亚当·斯密，1972）。

英国著名经济学家庇古早在1912年就在他的《财富和福利》一书中指出私人活动会产生不良的社会影响，并开始怀疑资本主义系统的稳定性。第一次世界大战的爆发更是加剧了社会矛盾。针对这一情况，庇古（2006）在其专著《福利经济学》中提出了经济福利的概念，并首次系统地论证了在整个国民经济中实现经济福利的可能性。他从福利观点或最大化原则出发，以马歇尔的消费者剩余和帕累托最优状态为重要分析工具，认为"分配越均等，社会福利就越大"，因而应当实施国民收入均等化，开创了福利经济学的理论分支。在福利经济学思想的影响下，西方资本主义国家先后进入了福利国家阶段，这在一定程度上缓和了劳资矛盾，促进了社会稳定。福利经济学尽管提出了国民收入均等化的理论观点，但是它的出发点是维护资产阶级统治的稳定，也没有动摇生产资料私有制的经济基础。第二次世界大战之后，学术界针对如何促进发展中国家经济发展等问题的理论研究开始兴起，并逐渐形成了另一个重要的经济学分支——发展经济学。发展经济学主要探索如何促进生产力的发展以及国家经济实力的提升，而很少从生产关系的角度探索如何缩小贫富差距。

（二）国内关于共同富裕的研究

1987年10月，党的十三大制定了"三步走"发展战略。此后，中国的共同富裕思想吸引了国内众多学者的关注，并涌现出了一大批有关共同富裕的专著，代表性的专著有《邓小平的共同富裕思想》《共同富裕理论》《中国特色社会主义共同富裕道路研究》等。学术界围绕共同富裕实践中大家普遍关心的话题，对共同富裕理论从不同角度加以研究，并根据时代需求的不同选择不同的侧重点。邓小平南方谈话之后，学术界对"先富"与"共富"进行了充分的研究和论证。党的十四大以后,学术界对邓小平的共同富裕思想进行了梳理和总结,对其科学内涵、主要内容等进行了较深入的解读和研究。21 世纪以来,随着社会贫富差距的加大和社会问题的凸显,如何缩小贫富差距,以及解决由贫富差距过大而导致的一系列社会问题再次成为热点。总的来说,国内有关共同富裕的研究主要集中在以下两个方面。

第一,关于中国共同富裕思想内涵的研究。从理论层面来看,共同富裕最初是指经济范畴,主要考察富裕程度和分配情况,看一个国家和地区的财富总量与收入分配差距情况。在邓小平明确概括社会主义的本质后,许多学者从生产力和生产关系的角度解读共同富裕,认为共同富裕是在特定的历史条件下,在生产力显著提升的基础上,全体人民按照社会主义公平、公正的原则,共同分享发展成果。他们主张通过生产力的解放和发展积累更多的社会财富后,再通过加强生产资料公有制的主体地位以及收入分配的调节,保障发展成果全民共享。此外,一些学者还不断拓宽、延伸中国特色社会主义共同富裕的内涵,认为共同富裕应该不仅仅包括物质富裕,精神富裕也应是其重要内涵。共同富裕应当是全体社会成员生活质量的全面提高,其中,物质生活丰富是共同富裕的基础,精神生活充实是共同富裕的提升。一些学者认为,中国特色社会主义的共同富裕是指全社会经济、政治、文化等各个领域全方位、多层次的富裕,是建立在物质富裕基础之上的,包括物质、精神、文化、生态等多方面内容的全面富裕。

从以上文献可以看出,在共同富裕的定义中存在两种变化倾向:一是富裕的内涵由单一走向全面,由以往单一的物质分配方式向物质、精神等多方面的全面共享转变。二是用共同的方式兼顾生产和分配,通过坚持公有制的主体地位和收入分配调节来确保发展成果为全民所有。但是,我国所处的历史阶段、经济基础和综合国情决定了我国在现阶段无法做到全面富裕和无差别富裕,需要依靠全国人民共同奋斗、全力以赴、奋力推进来实现我们所追求的共同富裕。2021 年 10 月,时任浙江省委书记袁家军发表了一篇题为《扎实推动高质量发展建设共同富裕示范区》的文章,文章中详细表明了其关于共同富裕的看法和认识。袁家军指出,共同富裕"是普遍富裕基础上的差别富裕,不是同等富裕、同步富裕,更不是均贫富、劫富济贫;是以高质量发展为基石的共同富裕,是在做大'蛋糕'的基础上分好'蛋糕',是效率与公平、发展与共享的辩证统一;是'五位一体'的全面跃升,涵盖人民对美好生活向往的方方面面;是共建共治共享的共同富裕,必须依靠全体人民共同奋斗"①。

第二,关于实现共同富裕的路径、方法和步骤的研究。对于中国应该如何实现共同富裕,不同学者也有不同的看法。有不少学者认为,实现共同富裕需要通过建立健全利益协调、收入分配、组织协调等一系列保障机制加以保障、推进。比如何自力(2016)认为,"四个全面"战略布局是实现共同富裕的强大动力,为共同富裕增添了新动力,提供了切实有效的全面保障。赵振华(2007)认为,市场机制是实现富裕最有效的机制,政府宏观调控则为共同富裕提供了制度保证,市场经济本质上是法治经济,政府的宏观调控也应在法治的框架内进行,只有政府与市场在法治的保障下有效结合才能充分发挥合力,保障共同富裕实现。孙居涛(2007)指出,实现共同富裕需要制度创新,要通过深化社会主义市场经济体制,推进生产资料所有制改革,扫清束缚经济发展的体制机制障碍,在制度变迁中实现共同富裕。尽管学者们提出的方法不一,但总的来看,共同富裕是一个长远目标,需要经历一个比较漫长而艰辛的过程,在动态中不断向前发展,由低层次向高层次跃升,从部分富裕逐步过渡到整体富裕。

综上所述,笔者认为,实现共同富裕是一个由点到面、由局部向整体,分批次、分阶段逐渐实现的过程。在这一过程中,必然要伴随着政治、经济体制的深化改革,不断协调各方主体,改革利益分配机制,从而保障共同富裕目标的实现。

二、关于政府职能的研究

政府通常指各种国家公共权力机构,包括制定、执行、贯彻法律以及享

---

① 袁家军.扎实推动高质量发展建设共同富裕示范区.(2021-10-16)[2022-07-28]. http://www.qstheory.cn/dukan/qs/2021-10/16/c_1127959679.htm.

有法律解释和应用的所有国家公共权力机构,一般包括立法机关、行政机关和司法机关,它经常被视为制定和实施公共决策以及实现阶级统治的机构。从某种意义上说,政府是公众利益和国家权威的集中表现。当然,政府职能的界限因国情和所处的历史时期而异。一个国家的政府职能通常是与所在国的政治体制基本保持一致的,而社会治理方式的变化意味着同一国家的政府职能在不同时期也会发生变化。这一转变不仅要与社会治理组织方式相一致,更需要根据不同的社会环境而不断调整,最终通过政府职能转变推动整个经济、社会逐步向前发展。因此,政府职能转变一直是学术界研究的重点。

(一)国外关于政府职能的研究

早在古希腊时期就有学者对政府的职能进行探索。古希腊时期著名的学者亚里士多德(1965)在其经典著作《政治学》中指出,早期政府是与人类社会同步形成和发展的,它是由人们自由加入、自发形成的,任何一个觉得自己可以负责城市事务管理的人都可以尝试管理城邦并从中获益,否则就必须遵守强者制定的规则。由此可见,在自然经济社会形态里,政治是政府最为突出的职能,而社会管理职能只处于从属地位。随着工业化的推进,学者不断从理论层面对政府职能进行探索。有学者强调自由市场经济才是主体,政府角色应当处于辅助地位,政府的基本职能有三个:维护国家安全,保卫人民;建立和维护基本公共设施与公共工程;维护社会正义。这实际上是在政府政治职能的基础上,进一步强调了政府的社会管理职能。在经济管理方面,亚当·斯密(1972)主张“最少管理的政府就是好政府”,认为政府应尽可能少地干预经济的发展,这一理论一度成为自由资本主义时代的社会信条,并在此基础上形成了政府不介入经济活动的“守夜人”政府理论。但是20世纪30年代席卷西方资本主义国家的经济危机暴露了市场经济固有的缺陷,打破了自由资本主义理论的信条,人们开始探索如何克服市场经济的缺陷,并且有学者提出要发挥政府的作用。比如,有“福利经济学之父”之称的庇古(2006)曾在其专著《福利经济学》中明确指出,完全的市场机制失败了,政府应该采取相应措施进行干预。根据市场失灵理论,学者们主张政府应该转变职能,对经济活动进行必要而又恰当的干预和管理,由此形成了许多理论派别。在这一时期,主张政府应扩充经济管理职能以有效地从宏观的角度管理市场的观点占据了上风。同时,注重社会结构的完善,调整管理功能,实现权力与收入的均衡分配,实施福利保障等也应当成为政府的职责。20世纪70年代以来,西方国家的社会和经济发展缓慢,甚至一度陷入停滞,这又催生出了新自由主义学派。新自由主义学派通过分析政府干预经济发展的局限性,主张要限制政府干预,强调缩小政府规模或重塑政府模式,充分发挥市场机制的作用,并由此引发了新公共管理运动。

(二)国内关于政府职能的研究

改革开放后,我国开始由计划经济体制逐步向市场经济体制转变,政府如何转变职能以适应经济社会的发展也成为重要的研究课题。学者们从不同的角度加以研究,积极探索政府职能转变的依据、方向和实施路径。在这一时期,我国关于政府职能的研究也呈现出明显的对策性特点。

进入21世纪后,随着社会主义市场经济体制的逐步形成和完善,以及经济全球化的推进,政府的经济职能、社会职能不断增强,以建设和谐社会为核心的政府职能模式成为政府职能转变的方向。有关政府职能转变的研究主要集中在以下几点。

一是梳理国内外政府职能转变的历史脉络。如:杜创国(2008)在其著作《政府职能转变论纲》中系统梳理、总结了国外政府职能转变的历程,主张我国要从中汲取经验教训,提出在全球化和信息化的背景下我国政府职能转变的三大方向。王东京等(2008)在《中国经济改革30年——政府转型卷》一书中从政府经济职能转变的角度入手,梳了我国政府职能转型的历史脉络,同时提出政府转型并非永远没有终点,我国社会主义市场经济体制完善之时就是政府职能转变的终点,到那时政府应该达到了一个和谐的形态。曹闻民(2008)则在《政府职能论》一书中着重考察了西方政府的角色转变,梳理了从政治人、守夜人、经济人、道德人、中心人到社会人等不同的政府角色,认为政府角色也应随着社会发展的变化而变化,以不断适应新形势和新要求。陈国权(2008)在其专著《社会转型与有限政府》中,立足于我国社会转型的特殊背景,将社会转型和政府职能转变有机地联系到一起,认为政府作为社会发展的主导力量,应主动转型,进而带动全社会转型。

二是探索政府职能转变的方法和路径。杨海坤和章志远(2008)在《中国特色政府法治论研究》中以政府法治论为核心,探索我国政府职能转变的目标和方向。他们认为,当前政府职能建设的重点是用中国特色社会主义理论体系来指导工作,坚持为人民服务的宗旨,增强政务公开透明性,通过坚持宪法制度创新等加强建设,增强政务工作的规范性。宋功德(2008)在《建设法治政府的理论基础与制度安排》一书中将一般原理、制度安排、法治原理三个方面与中国实践相结合,分析了我国政府职能转变的方向,提出了要把当前政府改革目标放到法治政府建设上的观点。他认为,法治政府建设是政府职能顺应公共管理发展趋势,回应人民群众公共服务需求的必然结果。学者们主要从两个方面对政府职能转变的路径进行探索:一方面,从宏观层面出发,提出政府职能转变的系统思考、顶层设计。汪波(2008)从法治的角度探索政府职能转变路径,提出政府"政治理性人"的理论假设,并以此为逻辑起点,强调我国政府职能转变应当以程序规范为先导,根据程序的规范和制约作用,明晰政府工作体系中各个角色的行为和责任。另一方面,从微观层面出发,根据政府职能转变中的问题提出解决方案。有学者认为应当从官僚激励和治理策略出发,讨论地方政府转型中应该注意的地方。有些则认为应当聚焦政府规制,认为政府改革要根据社会实际,建立有效的"低度政府规制"。还有学者提出要对政府职能转变中存在着的行政机关之间的职权冲突加以分析,积极探索与构建解决职权冲突的机制。这类学者大多会从某个方面切入,提出政府职能转变的具体措施。

三、关于社会组织的研究

社会组织是人们为有效实现特定目标而建立的具有共同宗旨、目标、规范的共同活动群体,国外又称为第三部门、非营利组织、非政府组织、草根组织、志愿者组织等。党的十七大进一步确认了社会组织的概念。社会组织在我国分布广泛,活跃于经济、社会、教育、文化等多个领域,是在党和政府领导下服务社会的一支重要力量。社会组织的出现也是当代政府职能转变和公共管理变革的必然结果。政府和市场的双双失灵是社会组织产生的根本原因和价值所在。

（一）国外社会组织研究

西方发达资本主义国家的社会组织发展相对较为成熟，相关的理论研究成果也比较丰富，主要集中在以下几个方面。

一是关于社会组织的内涵与分类研究。在学术界，关于社会组织的定义并没有达成一致意见，不同学者会从不同的角度对其加以界定。相对于政府和营利组织而言，社会组织的组织形态较为模糊，世界各国仅在其称谓上就存在诸多差异，同一类组织在一个国家被称为非政府组织，而在另一个国家却可能被称为志愿者组织或非营利组织。社会组织的概念、缘起和特征也是学者们关注的重点，政府反贫困工作中的表现不佳以及推进世界经济整合等因素被认为是社会组织出现的直接原因。

二是对社会组织产生的原因、社会作用和影响因素等方面进行研究。市场失灵与政府失灵、契约失灵、志愿者失灵等被认为是社会组织出现的缘由，社会组织的产生在很大程度上弥补了各种失灵。社会组织独特的作用和天然的优势使社会组织发展迅速，在较短的时间里就成了一支独立的社会力量，同时也成了政府和市场之外的最主要的公共服务主体之一。不少学者对社会组织的角色定位进行研究，认为社会公益提供者是其最主要的社会角色。除此之外，社会组织还扮演着国民收入再分配者、民主价值维护者、社会创新者等多种角色。另外，社会组织在不同时期功能的变化也是学者们研究的对象。

三是探讨社会组织与政府的关系。关于两者关系的观点主要有三种，分别是合作论、对抗论和动态论。其中，合作论在学术界最受推崇。合作论认为，社会组织和政府部门是一种平等协作的关系，两者在功能上高度互补，可以更好地为社会公众提供公益服务。站在社会组织的角度来看，社会组织的存在有利于社会公益水平的提高，反过来，社会公益水平的提高和需求的扩大有助于进一步促进社会组织的成长，为社会组织的发展提供更为有利的发展空间。对抗论的观点认为,社会组织与政府之间是一种竞争关系,社会组织作为一种补充政府职能的制度设计,在一定程度上优于国家主导的制度安排。社会组织是政府失灵的衍生物,社会组织对于政府而言,是国家无法消除的具有多样性的存在,因此,社会组织与政府在本质上是一种竞争关系。动态论的观点认为,社会组织与政府的关系是动态且不断变化的,不能轻易判定两者的关系。社会组织与政府的关系不仅会受该国政治、经济、文化等体制机制的影响,还会受政府与社会组织自身发展状况的影响。科斯顿提出了竞争、签订合同、压制、敌对、合作、互补、第三方政府合作、协作等八种社会组织与政府的关系模式,并认为两者的联系在不同的环境中存在不同的交互模式。

(二)国内社会组织研究

与发达国家相比,我国社会组织发展比较落后,"强政府、弱社会"的描述比较形象地概括了我国社会组织的现状,社会组织的公信力、影响力都比较弱。但是,近年来,社会组织也逐渐活跃,呈现出全面开花的趋势。国内学者对社会组织的研究也有很多,主要可分为以下几类。

一是关于社会组织内涵、分类、构成、作用的研究。对社会组织内涵的研究多见于一些学术论文之中。而关于社会组织的分类,主要从社会组织产生的背景来划分。比如按社会组织的发起人背景来划分,分为民间组织和官办组织。官办社会组织主要包括政府倡导成立的各种社会团体、民政部门注册登记的社团等。民间组织又称新社会组织,主要是民间自发成立的各类社会组织,如各种非公募基金会、草根社会组织等。学者往往根据各种组织的差异来定义构成范畴。有学者指出,社会组织在西方国家多被称为非营利组织、非政府组织等,是独立于政府和市场之外的第三种重要的组织形态。还有些学者认为社会组织是由各种处于不同地位和需求的社会资源联结而成的。对于社会组织的特点,非政府性、相对独立性、非营利性和志愿性是公认的社会组织的最主要特征。此外,也有学者指出,社会组织的特征应根据制度逻辑进行推论,对中国社会组织特征的分析应当基于独立性和自主性的二维演绎。学术界也就社会组织的功能和作用进行了很多探讨。大部分学者都认可社会组织具有分担政府职能转移的功能,对社会发展具有比较积极的作用,可以缓解社会矛盾,减少社会不和谐因素。

二是国外社会组织发展经验介绍。如顾建键等(2009)在《非政府组织的发展与管理——中国和加拿大比较研究》一书中通过对国内外社会组织发展经验的总结和分析,提出我国社会组织的发展策略。中国现代国际关系研究院课题组(2010)在《外国非政府组织概况》一书中充分分析了社会组织产生的原因和发展的概况,认为政府部门职能缺失是其产生的主要原因,该书还对美国、英国、德国、法国、意大利等国家社会组织的现状和作用展开了深入的调查与比较,试图从中汲取发展经验。王劲颖等(2011)则在《美国非营利组织运作和管理的启示与思考——民政部赴美国代表团学习考察报告》中详细介绍了美国非营利组织的运作和管理模式、经验。此类以介绍国外社会组织管理经验为主的研究成果相对较多,学术界试图从国外社会组织发展经验中寻找有益的借鉴,以推动中国社会组织更好地发展。

三是国内社会组织发展的经验总结和对策建议。本刊评论员(2009)在《探索中国特色社会组织建设与管理的成功实践——社会组织改革创新发展六十年的经验与启示》一文中回顾、总结了中国社会组织发展的经验,即不断加快社会组织立法进程,积极发挥社会组织的功能、作用。该文总结了社会组织近年来的发展成果,认为社会组织在经济、政治、文化、社会等多个领域都发挥了不可替代的作用。在经济领域,社会组织以行业协会、商会的形式存在,积极推动行业自律,规范竞争,有效地促进了市场环境的稳定与有序竞争。在政治领域,扩大群众有序参与社会管理,为人民群众参与公共事务管理提供了多种渠道和平台。在文化领域,各类社团积极开展丰富多彩、积极向上、群众喜闻乐见的文化活动,为广大农村和偏远地区的基层群众提供了生动活泼、多种多样、健康向上的文化产品与服务。社会组织在促进就业、缩小发展差距、化解社会矛盾、开展社会救济、化解利益冲突等方面也功不可没。该文将我国社会组织的发展经验概括为:立足国情、改革创新、科学发展、依法治理。

四、关于发挥企业社会责任的研究

在过去很长一段时间里,人们把追求利润作为企业存在的合理和唯一目标。然而,随着各种劳动意识的觉醒和企业制度的完善,人们认识到企业需要承担更多的责任。谢尔登最早提出了企业社会责任的概念。他将企业的社会责任与企业经营者满足市场需要的责任相结合,认为企业的社会责任具有明显的道德因素。随着时代的发展,这种观点开始受到关注,并引来了许多争议和讨论。在争议与讨论中,人们逐渐统一了思想,也认识到企业履行社会责任的重要性。

(一)国外企业社会责任研究

关于企业社会责任这一话题,众说纷纭。自企业社会责任的观点兴起后,学者们在围绕企业是否应承担社会责任以及应该承担什么样的社会责任的讨论中,对于企业社会责任的理解不断加深。关于企业社会责任的研究主要包括以下几个方面。

一是关于企业社会责任的概念界定。在美国学者谢尔顿提出企业社会责任的概念后,就有学者围绕"公司经理是谁的受托人"这一问题展开论战,即美国著名的"多德—贝利论战"。贝利教授指出,商业公司存在的唯一目的就是股东盈利,公司管理人对股东负有相当于受托人的责任,如果要求管理人对股东以外的人负责,那么公司管理人对股东应承担受托人义务的公司法规将被弱化、颠覆。各种利益群体都可以打着公司需要承担社会责任的名义向公司索要财产,作为市场经济基础的财产私有制将会被动摇,这将会导致经济内战般的社会财产再分配(刘藏岩,2010)。多德教授则提出了与贝利教授相反的意见,他指出,虽然公司对消费者和公众负有一定的社会责任,但这些社会责任并不一定就是属于公司的法定义务,而应该成为公司管理者需要恪守的职业道德(刘藏岩,2010)。有"企业社会责任之父"之称的鲍恩在1953年编写了《商人的社会责任》一书,他在书中指出,社会责任是商人根据社会目标和价值,向相关政策靠拢,作出相应决策,采取具体行动的义务。后来,许多学者在此基础上进行了批判和补充。由此可见,企业社会责任是一个相当复杂的概念,其产生的理论依据和法律基础曾引起许多争议。在赞成者和反对者之间的争论中,企业社会责任的概念逐渐凸显出来。1979 年,著名学者卡罗尔给企业社会责任下了一个综合的定义,认为企业社会责任是指在给定的时间内组织所具有的经济、法律、伦理和慈善方面社会所期望的总和(多丹华和李景山,2012)。他的这一概念得到了广泛的认可,也在一定程度上让关于企业社会责任概念的争论停歇了。

二是关于企业社会责任的利益研究。最初,许多人将企业社会责任看作企业的一种"负担",但许多学者的研究证实,企业社会责任有助于提高企业的社会效益和经济效益。剑桥幸福亚太研究院曾以"21 世纪的幸福企业"为研究主题,通过大量的案例与实证研究,深入探讨了履行社会责任可以为企业带来的好处,例如,提高企业利润,增进投资回报,提高企业创造力,提升员工使命感和幸福感,降低企业运营成本等(朱敏静,2018)。还有一些学者发现,企业履行社会责任有助于提高产品和服务质量,进而大大增加企业产品抢占市场的能力,提高企业核心竞争力。由此可见,企业社会责任的履行有利于企业产品和服务质量的提升,有利于企业形成优良的品牌形象,增加企业的无形资产。有学者认为,企业采取的节能环保、降低成本等差异化措施有助于推动科技的创新和产品质量的提升。这一系列研究表明,企业社会责任建设确实有助于企业效益和社会效益的提高,同时也有利于增强企业的核心竞争力,提升企业的社会形象,促进企业可持续发展。此外,还有助于股东、员工、消费者等相关者的利益平衡和维护,进而促进整个经济社会的和谐发展。

(二)国内企业社会责任研究

我国学术界关于企业社会责任的研究起步相对较晚,最早关于社会责任的研究是 1990 年袁家方编著的《企业社会责任》一书。他从法律层面分析了企业在纳税、环保、消费者、能源、自然资源等方面应履行的社会责任,认为企业社会责任产生的原因主要在于企业在争取自身生存和发展的同时,也需要满足各种社会需要和应对各种社会问题。为了维护社会和人类的根本利益,企业必须承担相应的义务(袁家方,1990)。之后,随着西方企业社会责任理论的引入,企业社会责任研究成为学术界的热点。

第一,企业是否应该履行社会责任。企业是否需要履行社会责任这一问题在学术界还存在许多争议。赞同者认为,企业利益相关者众多,企业的责任不仅仅是为股东创造利润,还要满足利益相关者的需要。肖华茂(2006)在对企业社会责任进行研究时发现,企业履行社会责任有利于增进社会利益,促进企业可持续发展。反对者认为,将企业社会责任作为企业应尽的义务,要求企业付出更多成本来承担社会责任,这实质上是政府任务的再次分配,对社会不利。进入 21 世纪以后,反对强加企业社会责任的声音逐渐减少,企业社会责任的必要性和重要性得到社会各界的普遍认同。2006 年修订的《公司法》中明确提出公司应"承担社会责任"。2006 年 10 月11 日,中国共产党第十六届中央委员会第六次全体会议通过的《中共中央关于构建社会主义和谐社会若干重大问题的决定》倡导包括企业在内的各种组织履行社会责任,构建和谐社会。从此,企业是否需要履行社会责任不再是充满争议的话题,2006 年也被称为中国企业社会责任元年。

第二,企业责任的实证研究。2006 年以后,关于中国企业社会责任的研究获得了巨大的发展。学者对于企业如何履行社会责任展开了各种实证研究。一些学者试图从国外企业社会责任的研究成果、建设得失中汲取经验;一些学者对企业财务业绩、企业价值、企业社会责任评价等展开调查;还有一些学者着重探索企业社会责任标准和指标体系的研究等。袁雄和邓泽宏(2014)在《企业社会责任理想模型的建构——基于企业生命周期理论》一文中提出了基于生命周期理论的企业社会责任理想模型,该模型明确了企业成长期、成熟期、衰退期、倒闭期等不同时期企业社会责任的内容。

第三章
政府在共同富裕建设中的功能定位

第一节　政府及政府职能的基础理论

一、政府的定义与分类

(一)政府的含义

政府的概念源远流长。"政府"一词源于唐宋时期,是唐朝的"政事堂"和宋朝的"二府"的合称。在唐朝,政府一般指宰相处理政务的地方。如《资治通鉴》二百一十五卷记载,"唐天宝二年,李林甫领吏部尚书,日在政府,选事悉委侍郎宋遥、苗晋卿"。到了近代,政府慢慢引申为管理众人之事的组织。在柏拉图的《理想国》中,政府被认为是"国家统治的机器"。18世纪法国的启蒙思想家卢梭则在《社会契约论》中提到,政府就是在臣民与主权者之间建立的一个中间体,以使两者互相适应,它负责执行法律并维持社会以及政治的自由。在现代,政府是指国家进行统治和社会管理,以及表示意志、发布命令和处理事务的机关,实际上是国家代理组织和官吏的总称。狭义的政府是指国家权力的执行机关,即国家行政机关。广义的政府是指行使国家权力的所有机关,包括立法、行政和司法机关。本书中所研究的政府指的是广义的政府。

政府的存在对于加强国防建设,维护国家独立与主权完整,消除社会隐患和政府内部腐败,控制污染,保护生态环境,推广、吸收民间先进科学技术和经验,鼓励创新创造,淘汰落后产品和生产工艺,优化社会结构,提高国民生产能力,实施城乡规划,减贫、扶贫、防贫,破除迷信,促进社会进步等方面都有着特殊的作用,它是国家公共行政权力的象征、载体和实际行动体。政府以国家武装力量为后盾,通过发布行政命令、行政决策、行政法规等方式来管理国家公共事务,保障经济社会的正常运行。

(二)政府的分类

根据政府权威的纵向集中或分散(即各级政府权力的分配),政府可分为单一制政府和联邦制政府。单一制政府实行中央控制，地方或省级政府在法律上只是中央的分支机构，这一层次的政府所实际享有的各种自治权也取决于中央政府的配合。联邦制度下，地方政府享有由宪法所规定的某些法律和政治上的自治权，并且这种自治权的范围在各国的宪法规定中有差异。法国、日本和意大利是单一制国家，而英国、美国、德国、加拿大和印度则是联邦制国家。

二、政府的主要职能及其历史演变

（一）政府职能的主要内容

政府职能又称行政职能，是指行政主体作为国家管理的执行机关，依法管理国家政治、经济、社会公共事务时应承担的职责和所具有的职能。政府职能的核心在于回答政府究竟"该做什么"以及"不该做什么"的问题。政府职能包括三个要素：一是职务范围，它体现了政府职能的横向幅度；二是职责深度，它体现的是政府职能的纵向深度以及责任大小；三是职权方式，它是指对政府机关负责的事务，要采用什么手段进行管理，体现的是公共行政活动的基本内容、方向。政府职能为国家行政工作指明了方向，是行政组织构建和机构设置、人员配置的最基本依据。政府职能的变化必然会引起行政机构、人员编制及运作方式的变化。政府的职能主要包括以下几点。

第一，政治职能，又称政治功能、统治功能，是指政府对外维护国家安全，对内维护统治秩序以及维护国家统治阶级利益的职能。不同国家政府的政治职能有所不同。中国政府主要有四大政治职能：一是军事防卫职能。以武力做后盾，维护国家独立、主权完整和国防安全，以及抵御外来侵略。二是外交职能。积极开展外交活动，促进本国和其他国家的正常政治、经济、文化交往，建立睦邻友好的国际关系，促进国家之间的互利互惠，反对霸权主义、强权政治，维护世界和平。三是治安职能。维护正常的社会秩序，保障人民政治权利和生命财产安全，维护宪法和法律尊严，镇压和打击叛国、破坏社会安全的各种危险活动。四是民主政治建设职能。积极推动国家政权建设和民主政治发展。

第二,经济职能。它是指政府促进国家经济发展,管理社会经济生活的职能。当前中国政府主要有以下经济职能:一是宏观调控职能。政府通过制定和运用财政税收、货币政策等经济手段,对整个国民经济运行进行宏观调控,以保障经济健康有序运行。二是提供公共物品和服务。政府积极向社会提供基础的公共物品和服务,同时发挥社会组织和企业的力量,为社会提供优质、多样的公共物品和服务。三是市场监管职能。政府通过对市场环境和各市场主体行为的管理和监督,保障市场机制健康有序运行,维护市场主体的合法权益。

第三,文化职能。建设丰富多彩、积极健康的文化,依法对文化事业进行管理,以满足人民日益增长的文化生活需要。政府文化职能的发挥是加强社会主义精神文明建设,促进经济和社会协调发展的重要保障。我国政府主要有以下四大文化职能:一是发展科技。政府通过制定科技发展战略,做好科技规划和预测,加强对重大科技活动的宏观调控,加强基础性高新技术和科技应用的产业化研究,推动市场机制在科技转化中发挥主体作用。二是发展教育。政府要制定社会教育发展战略,为全民提供基础的教育服务,不断优化教育结构,推动社会力量参与办学。三是发展文化事业。政府通过制定和实施各种文化方针、政策,促进哲学社会科学研究、新闻出版、广播电影、文学艺术等文化事业的健康、繁荣发展。四是发展卫生体育。通过完善医疗和健康设施,促进卫生体育事业发展,增强人民体质和促进全民健康。

第四,社会职能。它是指除政治、经济、文化功能外政府必须承担的其他职能。政府的社会职能主要有:一是调节收入分配,完善社会保障。政府要建立健全收入分配制度,将个人收入差距和地区发展差距控制在合理范围内,促进社会公平正义,健全社会保障体系,提高全社会福利水平。二是保护生态环境和自然资源。政府要通过法律保障、政府监管等保证自然环境和自然资源可持续发展、利用,对造成环境恶化、破坏自然资源的行为进行治理和监督。三是构建社会化服务体系。政府通过制定法律法规、政策支持等措施,构建多元化的社会服务体系,提升社会自我管理能力。四是保持适度的人口规模,提高人口质量。完善计划生育法律法规,做好计划生育宣传、咨询、技术服务工作。

(二)政府职能的历史演变

从国家诞生之日起,围绕国家与社会、政府与公民之间关系的讨论就未曾停止过,其中最引人关注的话题莫过于政府的职能。政府职能要与本国政治体制相适应,这决定了不同国家的政府职能之间存在差异,同一国家不同时期的政府职能也不尽相同。政府需要通过转变职能来适应不断变化的外界环境,以保持与本国政治体制的一致性。因此,纵观世界各国的历史,政府职能处在不断变化之中,无论是哪个国家,政府职能都经历了政府、市场、社会边界不断调整,然后逐步达到均衡的转变过程。政府职能在探索中不断完善。

1. 西方政府职能的历史演变

在奴隶社会和封建社会,自然经济占据主导,政府职能主要体现在"御外"和"安内"上,即政府职能更多地体现为政治职能,政治职能极端强化,政府成为阶级统治的工具,由少数人把持。由于社会分工体系不够发达,生产力发展水平较低,交通和通信不发达,封建制下农民对土地十分依赖且社会公共事务相对较少,政府的社会职能极度弱化。

进入资本主义发展阶段后,机械大工业逐渐取代手工作坊成为主要的生产形式。随着工业革命的推进,生产力迅猛发展,城市规模逐渐扩大,交通、通信越来越发达,社会公共事务也逐渐增多,人们对公共服务的需求大幅增加。此时,人们受亚当·斯密经济理论和自由竞争市场经济理论思潮的影响,认为社会经济运行应该交给市场这只"看不见的手"自发调节,政府不需要对经济进行干预。政府只要扮演好"守夜人"的角色,为人们提供社会保障、法律援助、产权保护等最基础的公共物品,将其余的事情交给市场来调整。在自由市场经济国家,"守夜人"政府的职能有以下几个方面:维护国家主权和领土的完整,制定和实施法律,维护社会基本秩序,界定产权、保护产权,监督合同的执行,维持本国货币的价值。这一时期的政府奉行"越少越好"的管理理念,不直接介入社会经济活动,经济职能还没有得到充分发挥。

进入 20 世纪后,西方国家逐步由自由竞争资本主义向垄断资本主义过渡,市场经济固有的缺陷逐渐暴露,社会矛盾加深,一场席卷西方资本主义国家的经济危机于 20 世纪 30 年代爆发。经济危机的出现使人们意识到市场不是万能的,凯恩斯主义和主张政府直接干预经济的思想占据了上风。因此,二战后,西方国家政府为弥补市场缺陷,纠正市场失灵,在很大程度上加强了对经济和社会事务的管理与干预。时任美国总统罗斯福在面对经济危机的情况下,公布并实施了包括失业救济法案、紧急银行法案、保障法案、税制改革法案等在内的一系列新政策,使得美国经济逐渐恢复,从而摆脱了经济衰退。罗斯福新政取得了一系列显著的成效,宣告自由资本主义思想时代结束,开创了政府成功介入社会经济发展的先河。其他资本主义国家政府也纷纷效仿,加强政府的经济职能,开始对经济和社会事务进行直接干预与管理,这在很大程度上促进了世界经济的复苏。在垄断资本主义时期,政府的经济职能逐渐显露,在干预经济、纠正市场失灵方面发挥着重要作用,主要的方式有:稳定宏观经济,提供公共物品和服务,调节社会收入和财富分配,维护公平竞争的市场秩序,消除经济负外部性效应,弥补市场的不完全性和信息的不对称性等。政府全面干预的结果是政府职能和规模不断扩大,且财政支出不断增加。

现代资本主义国家的政府职能呈现出以下几种发展趋势:第一,政府职能逐步扩大。二战以来,西方国家的政府职能迅速膨胀。由于社会经济快速发展,社会公共事务增加,为了满足较高的社会发展需求,政府工作也在增加。第二,政府职能体系中的政治职能相对减弱。由于社会公共事务的增加,政府的社会管理职能不断增强和膨胀,从而使政府的政治职能呈现出弱化的趋势。政府通过宏观调控,让部分公共事务管理职能回归社会,由社会组织代政府管理,从而实现社会职能社会化,这是现代政府职能发展的新特点、新趋势。第三,加强宏观调控和综合协调功能。西方国家政府在实行社会公共事务管理职能社会化的同时,非常注重加强政府的宏观调控职能和综合协调职能。各国政府普遍重视规划手段和经济手段、法律手段的综合运用,以建立和完善综合协调机制。

2. 中国政府职能的历史演变

在中国古代,政府职能以政治职能为主,政府的精力主要集中在维护封建统治者的统治地位上。到了近代,对外抵御外敌侵略、对内维护政治稳定成为政府工作的重心。民国时期,军阀混战、列强割据、政权更迭频繁使中国社会陷入前所未有的黑暗。不同的政府职能也基本体现在政治职能上。

中华人民共和国成立初期,百废待兴,国际环境也不容乐观。在这种情况下,政府将工作的重心主要放在政治职能和经济职能方面。经济上,着力恢复生产,发展经济,促进经济正常运行。在这一时期,政府完成了农业、手工业和资本主义工商业的社会主义改造,建立了社会主义经济制度,确立了公有制的主体地位。1953年,我国效仿苏联进入全面计划经济时代,通过计划手段对各种资源进行调配。通过政府一系列发展经济的措施,到1957年底,我国初步建立了社会主义工业化体系,国民经济得以恢复,基本形成了社会主义生产关系。政治上,政府把政治职能和经济职能放在同等重要的位置,坚决打击敌对势力和违法犯罪活动,教育干部群众,由此形成廉洁奉公、遵纪守法的公务员队伍。重点巩固和发展了新生的人民政权,这一时期主要效仿苏联,在全国实行高度集中的计划经济体制,政府基本上集中了所有的社会资源,社会资源全部由政府指挥、调配。这样浩大的工程使得政府不得不增设更多的行政机构、部门来完成与日俱增的工作,政府机构变得越来越庞大,而行政效率却越来越低,这影响了政府职能的发挥。到了"文化大革命"时期,政府职能重心过于偏向政治职能,对经济发展和人民生活造成较大影响。

1978年,党的十一届三中全会召开,以邓小平同志为核心的党的第二代中央领导集体从惨痛的历史中吸取经验教训,在会议上作出了实行改革开放的伟大决定,及时将党的工作重心转移到经济建设上来,我国开始从计划经济逐步向市场经济过渡,政府职能的重心也随之转移,开始向经济职能转变。实践证明,坚持改革开放,把政府职能转向以经济建设为中心是一个历史性的伟大转变。改革开放以来,我国经济建设取得了令人瞩目的成就,基本实现了工业现代化,综合国力不断增强,人民生活水平大幅提高。

党的十五大以后,政府开始着力构建以社会管理和公共服务为中心、人民满意的服务型政府。在 1998 年国务院机构改革方案中,党和政府提出要切实把政府职能转变为宏观调控、社会管理和公共服务。党的十六大对政府职能作了进一步的调整,把经济调整、市场监管、社会管理、公共服务作为社会主义市场经济条件下我国政府职能的总体定位。党的十八大进一步强调了政府的社会职能,加快形成党委领导、政府负责、社会协同、公众参与、法治保障的社会管理体制,强化政府社会管理职能,加强和创新社会管理。党的十九大从维护最广大人民群众的根本利益出发,作出改善民生、加快建立健全社会基本公共服务体系的战略部署,强调要以改善民生为抓手,强化政府公共服务职能,着力建设人民满意的服务型政府。

第二节　政府在共同富裕建设中的作用

在建设共同富裕这项复杂的工程中,政府作为公共利益的维护者、集体意志的代言人,在共同富裕的建设中处于绝对的主导地位,要发挥其政治优势,肩负起身上的使命和责任,引导、带领全国人民一起努力奋斗,早日实现共同富裕的伟大目标。

一、发挥政治优势,为共同富裕建设创建和平稳定的外部环境

自社会主义诞生以来,社会主义和资本主义两条道路、两种制度之间的斗争就从未停止过。中华人民共和国成立以来,国外敌对势力对我国的干涉、阻碍、抹黑也从未停止过。当前,国际局势发生了深刻的变化。随着中国经济的腾飞和国际影响力的提升,国际上一些反华势力继续对我国实施"西化""分化""弱化"的政治图谋,不断抹黑中国,渲染"中国威胁论",利用一切可以利用的机会对我国进行渗透、颠覆、破坏活动,煽动少数黑恶势力

开展所谓的以和平和非暴力方式进行的政权变更运动,打着"人权"的幌子,制造香港问题、台湾问题、涉疆问题等,妄图干涉我国内政,破坏祖国和平统一的历史进程。一些国家还试图重拾冷战思维,将大国竞争作为其国际战略的主要方面,积极构建排他性利益联盟,并利用本国在全球产业链中的优势地位,不断发起全球范围的贸易战,将贸易战视为大国竞争的手段工具,通过长臂管辖实现强权目的,并不断在贸易战、疫情溯源、网络战等问题上持续向中国施压,通过种种手段试图压制中国的崛起。

中华民族的伟大复兴绝不是轻轻松松、随随便便就能成功的。党领导人民取得了全面建成小康社会的伟大成就,但要在百年未有之大变局中实现中华民族伟大复兴,还需要政府继续发挥政治职能,为实现共同富裕创造和平稳定的外部环境。一是对外要坚定反击敌对势力,维护国家主权、统一、领土完整。要从中国的国情出发,面向世界,坚持积极防御战略思想,以建设一支有实战能力的现代化军队为核心,大力推进国防科技和武器装备的现代化,坚定地走独立自主、自力更生、军民兼容、平战结合的国防现代化道路,确保国家主权不受侵犯。二是对内要协调社会矛盾,促进社会稳定。要着力解决好因区域发展差距、城乡发展差距、居民收入差距等发展不平衡不充分问题而导致的各类社会矛盾,要在发展的过程中统筹兼顾、协调各方,实现全国一盘棋,将各种影响社会和谐的问题和声音消除在"摇篮里"。三是不断完善社会主义政治制度,发扬社会主义民主。制度管根本、管长远,要想实现共同富裕,就要充分发挥政府的政治职能,建立健全中国特色社会主义制度,形成以党的领导为核心,能够整合各方优势,发挥整体效能的科学制度体系,积极应对国内外环境所发生的深刻变化。党和政府发挥政治优势为共同富裕建设创建和平稳定的外部环境是实现共同富裕这一艰巨任务的必要保障。

二、大力发展经济,为共同富裕的建设奠定雄厚的物质基础

"共同"意味着生产关系,而"富裕"则意味着生产力。对于一个拥有 14 亿多人口的发展中国家来说,巨大的物质财富总量是我们实现共同富裕的

必要基础。理论和实践都一再证明,市场经济是迄今为止世界上最适应生产力发展的一种经济体制。人类社会97％的财富是在过去的250年——也就是人类历史0.01％的时间里创造的。英国在200多年前开始发展市场经济,所以在200多年前英国经济就已经开始起飞。而中国在40多年前开始走向市场经济,所以在过去的40多年里中国社会发生了翻天覆地的变化。人类生活水平的提高来自技术进步,而恰恰是市场经济推动了技术进步,并使新的技术很快商业化,从而惠及普通大众。因此,要实现共同富裕,就必须充分发挥市场机制在资源配置中的决定性作用,优化资源配置,持续解放和发展生产力,为实现共同富裕积累丰厚的物质基础。

要实现共同富裕必然需要更好地发挥政府的调节功能,不断健全生产关系,调整收入分配结构,为促进共同富裕提供制度保障。从表面来看,要实现共同富裕,政府只要在收入分配领域发挥作用即可,而实际上,发展市场经济同样离不开政府这只"看得见的手"的调节。当前,我国发展已经处在新的历史发展阶段,需要党和政府带领全国人民齐心协力、迎难而上,坚定不移地继续发展市场经济,切实把政府的经济管理职能转移到主要为市场主体服务和创造良好的发展环境上来,才能充分发挥市场经济的优势,为共同富裕建设提供充足的物质基础。改革开放以来,政府通过顶层设计与宏观引领,创造性地提出并形成了以公有制为主体、多种所有制经济共同发展的基本经济制度,以及以按劳分配为主体、多种分配方式并存的分配制度。"公有制为主体"有效地保障了全体社会成员共同拥有社会财富和劳动成果,这是共同富裕的基础,"多种所有制经济共同发展"能够有效激发各类市场主体的活力,这是共同富裕的补充。"按劳分配"保障了广大的劳动者能够共享创造的成果,而生产要素则交给市场,由市场根据贡献自发调节分配,这充分体现了效率与公平。社会主义基本经济制度充分考虑了我国的现实国情和发展目标,既充分体现了社会主义制度的优越性,又同我国社会主义初级阶段的社会生产力发展水平相适应,是实现共同富裕的制度保障。但是社会主义基本经济制度优越性的发挥离不开政府经济职能的有效履行,政府需要充分发挥其在经济中的宏观调控作用,促进市场经济发展与共同富裕价值目标相统一。"发展是硬道理"，但是发展不是一日之功，财富也不是一蹴而就的。发挥社会主义市场经济优越性需要政府提供有力的保障。改革开放以来，党和政府坚持以经济建设为中心，集中力量解放和发展生产力，加强宏观调控，稳定市场环境，促进区域经济协调发展，制定并采取必要的政策和措施，提高落后地区经济发展的质量和速度，既要东、西部地区兼顾，也要南、北地区协调。

因此，实现共同富裕既离不开政府"看得见的手"的宏观调控，也离不开政府的统筹规划、组织协调、政策保障、信息引导、检查监督和优质服务。企业的生产和经营也需要政府提供正确的信息，需要政府引导企业的生产和经营，通过制定相应的财政政策、货币政策，保护公平竞争的环境，为企业的生存和发展创造良好的环境。

三、加强精神文明建设，为实现共同富裕提供精神动力

加强精神文明建设是共同富裕的题中之义。共同富裕不仅是全体人民物质生活的富裕，更是人民群众精神生活的富裕，强调的是人的全面发展。人的全面发展是指人不断发展着的物质需要和精神需要都能得到充分的满足，人的道德、文化知识水平和劳动能力得到全面提高，人的身心都能得到和谐、自由、充分的发展。促进共同富裕与促进人的全面发展是高度统一的，人的全面发展与共同富裕是相辅相成的，人的全面发展既是实现物质财富的生产保障，也是消灭生产资料私有制，实现共同富裕的精神保障，因此要不断提高全民文化素质。促进人的全面发展和人民精神生活共同富裕是走向共同富裕不可或缺的组成部分，也是实现中国式现代化的重要特征。

加强精神文明建设是促进物质文明的有力保障。扎实推进共同富裕的一个重要方面就是要处理好物质文明和精神文明的关系。实现共同富裕是一个物质积累的过程，也是一个精神逐渐走向富足的过程，物质富裕是精神富足的基础，能够为精神文明建设提供物质条件，同样，更高水平的精神文明建设反过来也可以为物质文明建设提供精神动力，两者相辅相成、缺一不可。如果共同富裕单纯只是物质生活的共同富裕，显然是片面、狭隘的，因

为人类的物质活动是自觉的、有目的的活动。既要家家"仓廪实""衣食足"，提高物质生活水平，也要人人"知礼节""知荣辱"，丰富人民的精神文化生活，最终实现人的全面发展和社会的全面进步。

文化是一个国家和一个民族生生不息、世代传承的精神力量。要展现共同富裕美好社会的图景，文化是最富魅力、最吸引人以及最具辨识度的标识。特别是随着科技的进步和知识经济的发展，文化发展更有可能成为一个国家和地区发展的先导力量、动力源泉。但是文化作为一种特殊的公共物品，文化的影响在现代网络社会比以往任何时候都要深刻，在转变发展方式、提升发展质量、增进民生幸福、促进社会和谐等方面都发挥着巨大的作用。文化的公共性质和强大影响力决定了文化本身不能全部市场化、产业化，必然要采取政府和市场"双驱动"的发展战略。经营性的文化产业由市场主导，公益性文化事业、公共文化服务体系由政府主导，依靠财政投入，以公益性文化事业单位为骨干，保障人民群众的基本文化权益，满足人民群众的基本文化需求，这是政府的职责所在，也是政府的重要抓手。

政府部门要在推进共同富裕的过程中，充分发挥文化的引领作用，积极弘扬社会主义核心价值观，挖掘中华优秀传统文化，加强精神文明建设，努力推动形成适应新时代要求的思想观念、文明风尚、行为规范，促进全社会文明程度不断提高，打造全社会向上、向善、充满正能量的精神面貌；积极推动文化事业全面繁荣，促进文化产业快速发展，增加社会精神文化财富，推动文化产业结构优化升级，将创新精神贯穿文化产品创作生产全过程、全领域，充分激发全民族文化创新活力；着力提升公共文化服务水平，发展公共文化事业，不断扩大优质文化产品供给，创新公共文化服务运行机制，完善公共文化服务体系，为精神生活共同富裕提供有力支撑。

四、提升公共服务，促进共同富裕的全面发展

共同富裕是人与社会全面的富裕，既包括物质生活的丰裕，也包括精神生活的富足，还包括环境宜居宜业、社会和谐和睦、公共服务普及普惠等。而随着市场经济的发展和社会的进步，社会公共事务越来越多，人们对公共

服务的要求也越来越高。政府作为公共服务的供给主体,需要为人们提供更加优质的公共服务。

所谓公共服务,是公共部门以公共利益为核心,以保障公民权利和促进公民全面发展为目标而提供或安排的各种服务与活动的总称。我国在1998年推进的国务院机构改革中,首次把公共服务列为政府的基本职能。当前政府提供的基本公共服务主要有四大类:一是公民底线生存服务,是指包括社会福利、社会保障、社会救助和就业服务等在内的,以保障公民生存为核心的各类服务;二是公民发展服务,是指包括教育、医疗、卫生、体育等在内的,以促进公民更好发展的各类基础设施建设和公共服务;三是公民的基本环境服务,是指包括公共设施、环境保护、交通、通信、居住等在内的,以保障公民的日常生活和行为自由为目的的各类公共设施建设与服务;四是公民公共安全服务,是指包括食品安全、药品安全、消费安全、社会治安和国防安全等在内的,以保障公民的生命和财产安全为目的的各种公共服务。实现共同富裕要求我们不断地、逐步地实现人对自身思维方式、价值观念、个体品质、行为方式的超越与发展,实现人民精神的普遍富足,人与自然和谐共生,社会和谐和睦,进而促进人的全面发展。政府作为最大的公共部门和最权威的机构,为人民提供优质的公共服务是政府的义务和责任。政府精力的"有限性"决定着政府除了基础的公共服务,还要积极培养社会组织,引入市场机制参与公共服务的提供,进一步提升公共服务水平。

政府要发挥其在公共服务领域中的主体作用,构建政府主导、社会承办、企业参与的多元化的公共物品供给体系,推进气候保护、环境治理、文化建设、国防教育等公共事业发展,促使个人和社会全面进步,由物质富裕转向全面成长、全面进步。要加大对收入分配进行调节的力度,建立健全各种法律制度,完善收入分配的激励和约束机制,积极参与国民收入的第二次分配,既要使资本、技术、劳动力等生产要素的投入得到相应的回报,激励人们生产的积极性,又要把收入差距控制在合理的范围内。既要消除绝对贫困,又要防止两极分化,使人民群众共同享受改革发展的成果。同时,根据市场经济发展的需要,建立健全与市场经济发展相适应的社会保障制度和体系,使那些生活困难及下岗、失业等各类人员都有生活来源和生活保障,并保证其最基本的生活需要能得到满足,同时,政府部门还必须随着社会和经济的发展,逐步提高社会保障水平。市场经济与共同富裕的现实悖论靠市场自身是无法解决的,需要政府部门的积极介入,充分发挥政府部门的优势,积极促进市场经济健康有序发展,调整收入分配制度,才能逐步消除贫富差距,最终实现全体社会成员的共同富裕。

第三节　政府在共同富裕建设中的角色定位

"现代管理学之父"德鲁克曾认为:管理具有很多的共通性,不同的组织管理之间虽然具有差异,但是差异相对较小;在所有组织中,90%左右的问题是共同的,不同的只有10%;只有这10%需要适应这个组织特定的使命、文化和语言。我们将德鲁克的观点加以延伸,从项目管理的角度去看待共同富裕建设。我们试着将共同富裕建设看作一场极其庞大、复杂的顶级赛事,发现两者之间确有许多共同之处,例如,都需要宏观而又细致的规划、精细的合作、严密的控制等,并且需要调动很多人力、物力、财力,通过长久而又艰苦的努力方有可能实现。如果我们将共同富裕比作一场顶级赛事,那么政府、社会组织、企业都是这场赛事中不可或缺的角色,而政府更是要在其中发挥主导作用。

一、赛事主办方

赛事主办方是指发起、举办体育赛事活动的组织或个人,即拥有赛事主办权的体育组织或政府机构。为了保护赛事的权威性和号召性,赛事的主办方通常由政府和权威机构担任,拥有赛事的主办权和收益权,同时,也要对赛事的安全性负责。共同富裕作为一项人类历史上的伟大实践和复杂工程,涉及经济社会的方方面面,完成这一工程的艰苦程度可想而知。在这项复杂的工程中,政府就如同赛事的主办方,要在共同富裕的建设中发挥主导作用,做好宏观制度设计、安全保障、利益协调。这既是由党和政府的执政理念与使命决定的,也是由中国的现实国情所决定的。

第一,政府作为这一特殊的"赛事主办方"的权力是人民赋予的。随着经济和社会的发展,政府的职能也在不断发生相应的转变,政府的基本职能也早已从阶级统治的工具,转化成为包括政治、经济、文化、服务等在内的四项基本职能,成为维护本国社会安全和公共利益的代言人。我国的宪法规定:"中华人民共和国的一切权力属于人民。人民行使国家权力的机关是全国人民代表大会和地方各级人民代表大会。""全国人民代表大会和地方各级人民代表大会都由民主选举产生,对人民负责,受人民监督。"由此可以看出,宪法中明确规定人民是我们国家的主人,政府是人民授权的办事机构,政府的所有权力来自人民,政府是人民的代言人,政府及其工作人员依据宪法和法律规定,依法行政,对人民负责,为人民谋利益,接受人民的监督。

第二,政府作为这一特殊的"赛事主办方"的权益是由中国特色社会主义制度决定的。在中国共产党领导中国特色社会主义事业不断发展的进程中,在经济、政治、文化、社会等各个领域形成了一整套相互衔接、相互联系的制度体系,包括:人民代表大会制度这一根本政治制度,中国共产党领导的多党合作和政治协商制度、民族区域自治制度、基层群众自治制度等基本政治制度;公有制为主体、多种所有制经济共同发展的基本经济制度;以及建立在这些制度基础上的经济体制、政治体制、文化体制、社会体制等。中国特色社会主义制度是当代中国发展进步的根本制度保障,集中体现了科学社会主义的精髓,又切合中国的发展实际,具有鲜明的中国特色,符合历史发展规律,也符合中国最广大人民的根本利益。我国政府既是国家行政机关,也是国家权力机关,还是人民意志的执行者和人民利益的捍卫者,能够将有限的力量、资源集中起来,便于统筹协调、整体布局,集中力量办大事,有效应对前进道路上的各种风险、挑战。这在客观上赋予了政府更多的权力和责任。

第三,政府作为这一特殊的"赛事主办方"的角色是由党的执政理念决定的。中国共产党自成立之日起,就以马克思主义为指导,以救国救民为己任,把实现共产主义作为崇高的理想,带领全国人民推翻封建压迫,抵御列强侵略。中华人民共和国成立后,又完成了社会主义改造,确定了社会主义基本制度,为中国人民追求共同富裕奠定了根本的政治前提和制度基础。改革开放后,中国共产党创造性地开辟了中国特色社会主义道路,确立了中国特色社会主义市场经济体制的主体地位,将政府的宏观调控和市场经济有机结合,既促进了公平和效率,解放和发展了生产力,也保障了公有制的主体地位,确保全体人民共享发展成果,为实现共同富裕提供了重要保障。党的十八大以来,以习近平同志为核心的党中央秉承着以人民为中心的发展思想,把实现人民幸福作为发展的根本目的和归宿,统筹推进"五位一体"总体布局和"四个全面"战略布局的实施,奋发有为推进党和国家各项事业发展,促使我国经济实力、政治实力、科技实力、综合国力都有了明显的提升,人民生活水平有了显著提高,并不断朝着全体人民共同富裕的目标前进。从中国共产党的成长历程来看,党始终把实现共产主义作为最高理想和奋斗目标,带领全国人民朝着共同富裕的目标迈进。推进共同富裕建设有助于党和政府进一步夯实执政基础。中国共产党的宗旨、性质和立场决定了其在共同富裕建设中必然要承担更多的责任。

二、赛事承办方

赛事承办方是指具体负责筹备、实施体育赛事活动的组织或个人。主办方是有权举办某项活动的机构。承办方是具有一定资质,且有意愿与主办方共同举办某项活动的机构,例如,中国第十届运动会由国家体育总局主办,江苏省人民政府承办。体育赛事活动的主办方和承办方根据需要组建竞赛、安全、新闻、医疗等专门委员会,明确举办体育赛事活动的分工和责任,协同合作,做好赛事的各项保障工作。比如:配置符合相关标准和要求的场地、器材和设施;落实食品、医疗、卫生、交通、安全保卫、生态保护等相关措施;配备具有相应资格或资质的专业技术人员等。在体育赛事中,主办方和承办方可以由不同的组织分别落实,也可以由同一个组织落实。根据我国现行的体育竞赛活动的管理规定,承办方应当做好体育赛事活动的各项保障工作，负责体育赛事活动的安全，评估体育赛事的活动风险，制定风险应急预案及安全工作方案，并督促落实各项具体措施。主办方直接承担体育赛事活动的筹备和组织工作，履行承办方责任。

在共同富裕建设中，政府作为人民授权的机构除要扮演"主办方"的角色外，还应负责具体的方案规划、制度保障、组织实施，扮演"赛事承办方"的角色，为"赛事"的举办做好各项服务和保障工作。尽管企业、社会组织都可以参与协办，但是企业本身追逐利润的天性以及社会组织影响力的有限性，都决定着在我国共同富裕建设的过程中，政府必然要承担主要的牵头、制度保障和社会服务等工作。

第一，这是由中国的国情决定的。中国地大物博，幅员辽阔，人口众多，区域经济发展程度、文化传统习俗差异较大，不同地区、不同行业、不同群体的利益关系千差万别，各不相同，要平衡与协调各方利益并实现共同富裕，就要彰显公平正义。公平正义，说到底就是要形成一种公平、合理的利益分配关系，使得社会不同主体的利益需求都能统筹兼顾。这就要求我们不仅要把全民财富的"蛋糕"做大，还要把"蛋糕"分好。只有不断加大利益整合力度，合理分配收入，缩小收入差距，让发展成果由全体人民共享，才能使人民群众心情舒畅，也才能提高他们努力奋斗、共建共享、实现共同富裕的积极性和创造性。

第二，这是由中国的市场经济体制决定的。在中国特色社会主义市场经济体制中，市场对资源配置依然起着决定性作用，但同时有效市场也需要有为政府的行动指导，才能充分体现社会主义制度的优越性。政府部门可以提供经济社会发展所需要的基础设施，提供基本普惠的公共服务，给市场经济秩序保驾护航，为共同富裕奠定基础。在世界各国财富和收入差距不断扩大的过程中，政府对市场失灵的不作为是一个极其重要的影响因素。要想有效解决市场经济带来的财富分化以及地位不平等问题，不能仅仅依靠市场的调节机制，还需要政府在财富创造和分配中发挥更多的积极作用，扮演合适的角色。政府要充分发挥宏观调控作用，做好共同富裕的协调指挥工作，坚持全国上下一盘棋，各级政府应该通过引导先富群体积极带动后富群体的途径,不断扩大中等收入群体。

第三,这是由共同富裕的内在要求决定的。从共同富裕的规模来看,它不是少数人的富裕,而是全体人民共同富裕。从共同富裕的内容来看,它不是单一的物质生活富裕,而是人民群众物质生活和精神生活都富裕,不仅要让人民吃得饱、吃得好、吃得美,而且要让人民有尊严、有体面、有获得感,实现人的自由全面发展。从共同富裕的实践路径来看,它不是整齐划一的平均主义,而是分阶段、分步骤地促进共同富裕。共同富裕不等于同步富裕,而是逐步共富;不是所有地区、所有群体的同步富裕、同时富裕,而是有步骤、有阶段的渐进过程,要脚踏实地,久久为功。从共同富裕的空间维度来看,共同富裕不等于平均富裕,不是牺牲效率的平均主义,更不能养懒汉,要鼓励勤劳创新致富,让每个人能够公平享有发展机会,畅通向上流动的通道。可见共同富裕的难度之大、任务之重,政府是唯一能够担此重任的主体。

三、赛事裁判员

赛事裁判员是运动竞赛过程中,依据竞赛规程和规则评定运动员或者运动队成绩、胜负和名次的人员。在体育赛事中,裁判员往往扮演着多重角色,通常既是"执法人员"、工作人员,又是赛事的组织者、领导者。裁判员的业务水平、职业道德水平会直接影响运动员技战术和竞赛水平的发挥,也会直接影响竞赛活动的整体效果。因此,体育竞赛活动对裁判员的素质要求比较高,不仅需要其熟练掌握比赛的规程和规则,精通对应体育项目的专业技术,还需要其具有高尚的职业道德。只有作风正派、专业过硬、坚守原则、严肃认真的裁判员才能让赛场内外的运动员和观众信服。

共同富裕的建设如同体育赛事一般,政府作为"主办方"和"承办方",应该牵头主办,并在广泛听取意见的基础上,确立"赛程""赛事""赛制",为"比赛"提供场地、资金、人员、技术保障等。企业作为"运动员",借助"赛事"的平台,努力拼搏,创造价值,获取利润,取得成绩,真正为共同富裕奠定物质和文化基础。但是"运动员"的"竞技水平"和"体育精神"也需要相关的政府职能部门作为"裁判员"予以评价、指导、监督和制约，从而使"运动员"取得更优异的成绩，同时，政府职能部门要对一些违法、违规的"运动员"予以惩处，必要时甚至要"取消资格"或"禁赛"。

政府作为社会公共管理机构，需要处理国家大量的日常公共事务，为所有阶层和群体提供基础的、公益的公共服务，因此政府的公共性是其最主要的特点。除此之外，政府职能还具有法定性、执行性、强制性等特点。需要将政府的活动限制在宪法和法律的框架内进行，明确政府职能的边界，使公共行政有法可依、依法行使；也需要政府作为贯彻和执行国家意志的机关发挥其应有的作用；还需要政府以国家强制力为后盾，打击各种违法犯罪行为。政府职能的一系列特点以及其自带的专业性和权威性使其能够且必须不偏不倚、公正地评价每一位"运动员"，因而是"裁判员"的最佳人选。

第四节   推进政府职能转变，完善共同富裕组织保障

共同富裕是社会主义的本质要求，是中国实现现代化的重要特征和标志，也是人民群众的共同期盼。然而，要在广阔而多元的 960 万平方公里的土地上实现 14 亿多人口的共同富裕，其规模和复杂性世所罕见。实现共同富裕的道路注定不会一帆风顺，必然是布满荆棘与坎坷的。习近平总书记在《扎实推动共同富裕》一文中指出："共同富裕是一个长远目标，需要一个过程，不可能一蹴而就，对其长期性、艰巨性、复杂性要有充分估计，办好这件事，等不得，也急不得。"[①]为实现共同富裕这一目标，需要政府、社会组织、企业和全国人民齐心协力，共创共享。政府在共同富裕建设中被赋予了更多的责任和期待。如何顺应潮流，转变职能，更好地发挥其在共同富裕建设中的主导作用，为共同富裕建设提供坚强的组织保障，成为进一步推动政府

---

① 习近平. 扎实推动共同富裕. (2021-10-15)[2022-07-18]. http://jhsjk.people.cn/article/32255147.

转型的新动力和新要求。

一、转变思想，推进服务型政府建设

在我国社会主义建设初期，一方面，由于实施全面的计划经济体制，社会资源由政府集中调配，市场机制严重缺位，政府在资源配置中发挥了基础性的作用，也承担着大量的工作和责任；另一方面，由于社会确定性的、精确性的管理需要又对政府的工作效率提出要求，加上传统的官本位思想的影响，使得政府在人们心中总是以"大家长"的形象出现，政府的行政行为呈现出明显的管制性特点。改革开放后，社会主义市场经济体制逐步确立，但是政府依然需要在经济管理、市场准入、市场监管等方面采取一系列经济管制措施，以及各种涉及人民生活和社会发展的社会管制措施。这种管制理念在社会主义建设的初期能够有效地集中有限的资源和力量用于加强社会主义建设，适应当时的社会发展需要。但随着时代的变迁，中国特色社会主义进入新时代，共同富裕的建设对政府职能提出了新要求，政府所处的社会环境、国际环境、时代特征也发生了根本变化，这就迫切要求政府转变观念，树立服务意识，更好地服务于经济和社会的发展。但是目前一些地方政府的行政服务理念还转换不到位，服务意识不足，如：缺少平等意识，工作态度生硬、工作作风懒散；服务的积极性和主动性不够，互相推诿、踢皮球的现象依然存在；与人民的互动和沟通不够，习惯用行政手段强制解决问题等。这些现象的存在不仅会严重损害政府的形象，也会影响社会主义事业的进一步发展和共同富裕的建设。

不改变人们的思维方式，就无法改变社会结构。理念是思维的核心，思维是行动的先导。因此，推进服务型政府建设应率先推进政府的行政理念转变，提升各级政府的服务意识。各级政府和工作人员要充分意识到为人民服务是政府和公职人员行为的出发点与落脚点。只有从思想上提高政府行政人员的服务意识，才能使其将意识转化为持久、能动的服务行为，真正理解和落实服务型政府建设的各项举措。

具体来说，一是加强队伍思想政治建设。打造服务型政府，首先要发挥价值观的引领作用，在公职人员中要形成正确的人生观、义利观、事业观和权力观。在全党、全体公务员队伍建设中，加强思想教育和政治学习，培养一支忠于祖国、忠于人民、忠于党的领导干部队伍和公务员队伍。二是形成积极向上的行政文化。严肃批评"万般皆下品，唯有读书高"的错误思想，清除对人民高高在上，对下属颐指气使的错误作风，要坚持人民立场，在想问题、作决策、办事情的时候，将人民群众的利益放在首位，一切从实际出发、从人民的需求出发，避免"一刀切"和简单粗暴的工作方式，督促各级政府和行政人员严守权力边界，防止出现以权谋私、追求私欲，打造"小集团""小圈子"的现象，形成积极向上的行政文化。三是建立相应的激励机制。将为人民服务的意识、态度和行为纳入公职人员考核系统，对于服务到位、人民评价满意的人员予以表扬和奖励，对于不求上进、消极怠工、态度恶劣的人员进行教育和惩戒。

二、简政放权，推进"有限政府"建设

"有限政府"是指政府自身在规模、职能、权力和行为方式上受到法律和社会的严格限制与有效制约。在法治社会，宪法和法律划定了政府行为的边界，政府职能的设置应符合法律的规定，政府机构的规模应受法律的约束，法律为政府的行为设置了一个有限的框架，政府要在框架内履职，既不能有丝毫越位，也不能有半点缺位。

政府是推动经济社会发展的重要力量，但政府的作用不是万能的，政府不应当包打天下。如果政府大包大揽，那么不仅会扼杀民众的创造性、积极性和首创精神，也会降低政府的行政效能，限制市场秩序的发展，让经济陷入混乱。同时，政府大包大揽的代价也越来越大。正如托克维尔所讲的，当政府像上帝一样包揽一切的时候，别人就会把所有的，无论跟其有没有关系的，有时甚至连自然灾害也都归咎于它，这样一来，集权的代价就会越来越高。政府应该控制自己的权力，改变长期以来由政府大包大揽的传统做法，通过简政放权，尽可能让社会和市场发挥社会政策的作用，充分调动各种市场主体和社会力量的积极性来发展经济、治理国家，而不是

运用国家权力去建立一个全覆盖的、大包大揽的社会政策系统。政府的经济职能应该仅限于补充社会和市场，在资源配置中起辅助性的作用，而不是大包大揽。

有限的政府与有效的政府并不对立，相反，有限的政府是有效的政府的前提。就当下而言，从"有限"到"有效"应当是政府职能转变的基本思路和途径，要弄清政府定位，摒弃大包大揽的思想，主动从市场和社会能够自发调节的领域中退出，做个"有限政府"；"有效"是指政府从共同富裕建设的需求出发，着眼于提供高效能的政策支持和公共服务。实现这一目标要做到以下几点：一是要通过健全的法治体系，限制和约束政府的行为。要使国家和政府有所作为的最好办法，就是对国家和政府的权力与能力加以必要的限制。没有限制的权力必然会导致对权力的滥用，从而败坏国家的能力。二是着力培养社会自治力量。"有限政府"的实质是建立在市场自主、社会自治的基础之上的。只有企业和社会力量广泛参与才能提高社会各界的参与感，有效调动社会各界的积极性和创造性，发挥资源集聚优势，提升我国公共服务的专业化、智能化和社会化，缓解我国公共服务供给不足的社会问题。政府要主动从社会治理领域"退出""让位"，积极构建以政府为主导的、社会各界广泛参与的多元主体平等协作的共同治理格局。三是着力提升政府的专业能力。政府要继续发挥自身的主动性和能动性，扮演好"裁判员"的角色，从更专业的角度对国家和社会发展进行引导、管理和规范。要面向更好满足企业需求和群众期盼，抓住推动政务信息共享、提升在线政务服务效率等关键环节，推进数字政府建设，提升政府部门业务系统数字化水平。四是要认真听取群众意见，发挥集体智慧的优势。人民是历史的主人，人民是智慧的源泉。政府在行政的过程中，应该执行政务公开、重大事项听证会等制度，虚心听取群众的意见，避免因决策失误而造成无法挽回的损失。但需要说明的是，听取群众意见并非机械、僵化地执行某一部分群众的意见，而必须要对这些意见进行整理、分析、批判和概括。不断地同群众商量，不断地研究群众的实践，可以减少政府行政过程中的错误，便于及时发现和纠正错误，避免错误发展到严重的地步。

三、精简机构，推进责任政府建设

改革永远在路上。政府机构是国家治理体系的主导成分和核心力量，是中国特色社会主义制度运行的载体和保障。政府机构作为上层建筑，需要不断根据政治经济形势的变化，进行卓有成效的改革，以适应经济发展、社会进步的需要。

自中华人民共和国成立以来，尤其是改革开放以来，我国政府先后进行了多次较大的机构改革，客观上精简了政府机构，提高了政府运行效率，降低了行政成本。随着中国特色社会主义进入新时代，党和国家机构设置与职能配置同国家的战略布局，以及实现国家治理体系和治理能力现代化的要求还不完全适应。"两个不适应"要求进一步深化机构改革。政府部门唯有主动适应新形势、新要求，按照党中央、国务院、中央机构编制委员会（简称中央编委）要求，以壮士断腕的勇气，继续深化改革，进一步优化部门职能职责，优化部门设置，收缩行政编制，稳步减少财政供养人员，降低行政成本，减轻群众负担，提高服务能力，完成政府自身深刻革命，把改革推向纵深，才能为经济社会发展营造良好环境，为共同富裕提供坚实的组织保障。

具体来说，一是要精兵简政，缩减规模。从管理学的角度来看，要想切实发挥"1＋1＞2"的组织优势，首先就需要为组织配备合理的结构和人员，控制组织的规模，若组织规模过大，超出恰当的人数上限，组织效率就会明显下降。纵观世界各国政府机构改革的实践，各国都普遍将精简机构作为改革目标，控制机构规模，精简人员。从我国的国情来看，我国公务员和普通群众的配比并不是特别高。但是综合各类事业单位、社区居委会等来看，我国财政供养的人员依然偏多，"官民比"偏高。如何有效控制政府机构膨胀依旧是政府机构改革的重点和难点。除了缩减政府公职人员规模，也要通过促进社会组织自治，促进政府职能转型来缩减财政支出。二是理顺职能关系，合理配置权力。要按照社会主义市场经济的要求，解决行政执法体制中多头管理、权限交叉重叠、职责不清等问题，建立起权责明确、行为规范、保障有力、监督有效的行政执法体制。要按照所管理事务的特点和规律确定行政职能,设置管理机构,明确权限职责。将职能相近、职权交叉重叠的机构重新整合,精简机构。同时,进一步优化机关内部结构,按照决策、执行与监督相协调的要求,调整机构内部分工,相对集中行政决策、执行和监督的权力。三是用法律保障机构改革成果。机构改革如果做不到先立法后设立机构,那么至少应当做到调整机构与修改、制定法律同步进行。机构改革之后,要将那些事关政府职责与组织编制的改革成果及时转化成立法文件,用法律手段确保改革成果。可以通过制定各个部门的行政组织法和行政编制法,将改革后机构的职责权限、组织编制和人员编制等重要内容上升为法律,以增强权威性。

四、依法行政,推进法治政府建设

党和政府历来重视我国法治化建设。党的十八大以来,党中央明确提出要全面推进依法治国,并将依法治国纳入"四个全面"战略布局。党的十九大指出,要深化依法治国实践,建设法治政府,推进依法行政,严格规范公正文明执法。全面推进依法治国,围绕建立健全中国特色社会主义法治体系、建成社会主义法治国家的总目标,促进党的领导、人民当家作主和依法治国有机统一,坚定不移地走中国特色社会主义法治道路,为全面建设社会主义现代化国家、实现共同富裕提供有力的法治保障。

法治政府建设是全面依法治国的重点任务和主体工程。政府权力是否被约束,政府行为是否公正、规范,不仅关系到法治国家的建设,也关系到依法治国基本方略的贯彻。如果各级政府能够率先严格执法、依法全面履行政府职能,从决策到执行以及监督的全过程都在法治轨道上进行,使行政工作能够依法开展,这必将有助于法治国家的建设,也能促进法治社会的建设。依法行政是建设法治政府的核心。推进依法行政,严格规范公正文明执法,是党的十九大报告对法治政府建设的重点要求。政府能否依法行政直接影响党群干群的关系,也直接影响党政形象。要增强依法执政意识,坚持以法治理念、法治体制、法治程序开展工作,改进领导方式和执政方式,提高执法水平、服务水平和工作效率,推进依法执政的制度化、规范化、程序化。

推进法治政府建设，一是要坚持科学立法，确保政府履行职责有法律依据。在新的历史条件下，根据我国经济社会发展出现的新问题、新情况、新特点，及时制定、修改和完善各项法律制度，并注重科学立法、民主立法，切实提高立法质量，通过科学的法律体系、完备的法律制度，将各项行政法令以及行政人员的行为约束在法律的框架内，保障行政人员的责任和权力相对应、相匹配。二是要坚持严格执法，切实做到依法行政。行政机关实施行政管理应当依照法律法规进行。行政机关不得作出影响公民、法人和其他组织合法权益的决定，也不能随意摊派与增加公民、法人和其他组织的义务，政府行政人员应努力做到行政合理、程序正当、高效方便。三是要构建权力监督制约体系。对权力的监督和制约是保障依法行政的重要前提，要从法律与社会的角度构建以权力制约权力、以道德制约权力的权力监督和制约体系，保障政府权力行使不偏离我国民主政治的正确轨道。要进一步完善各种权力配置，与立法、司法、行政法高度统一。发挥政府内部自律和监督作用，扩大社会监督、新闻媒体、网络监督的范围，保障公民对国家和社会事务管理的参与，也要从法律上规范各种监督行为，避免滥用监督权侵犯人权和隐私，不断提高监督的合理性、科学性、建设性与实效性。

五、技术融合，推进数字政府建设

共同富裕对政府的执政效率也提出了新的要求。大数据、云计算、物联网、人工智能、区块链等新一代信息技术的提升与应用也为政府治理方式的改革和行政效率的提高提供了技术支持。党的十九届四中全会审议通过的《中共中央关于坚持和完善中国特色社会主义制度 推进国家治理体系和治理能力现代化若干重大问题的决定》（以下简称《决定》）提出要建立健全运用互联网、大数据、人工智能等技术手段进行行政管理的制度规则。推进数字政府建设，加强数据有序共享，依法保护个人信息。

新时代，政府以战略思维推动数字政府建设和政府职能转变，从法律规则、基础设施、安全监管、技术标准、数据开发与共享等方面建设数字政府，着手构建数字政府的云网络,搭建数字政府、政务应用与服务一体化平台,在行政决策、行政执法、行政监管等领域深入应用数字化技术和平台,为不断提升政府治理能力提供技术支撑。

具体来说,要做到以下几点:第一,加强数字政府的宏观规划。在政府体系中不断加强大数据、物联网、云计算、区块链等新一代信息技术相关知识的学习,发挥信息技术在提高政府效能、推动政府职能转变方面的作用,在政府决策过程中,充分运用大数据的信息优势,科学分析,精准预测,不断提高决策的准确性、科学性和预见性。第二,建立健全建设数字政府的体制机制。打破不同部门之间的障碍和壁垒,推进各部门数据共享和开放,特别是要推动不涉及国家安全和政府机密的数据源逐步向企业、社会、公众开放,让大数据更好地为市场服务、为民生服务,不断提高社会公众满意度。发挥信息技术在权力监督方面的作用,充分运用大数据管理公共权力、公共资源、公职人员,把权力关在“数据铁笼”里。要注重建立健全数据管理的法律法规,对信息的收集、保存、利用、开放进行规范管理,为数字政府建设提供法治保障。第三,完善建设数字政府的支持体系。要加强国家信息基础设施建设,特别是加强电子政务服务设施体系建设,优化信息存储和信息使用安全环境,完善云计算运营环境,为大数据的收集、开发、存储和利用提供可靠的数据源。同时,打破信息壁垒,搭建完善的、系统的、权威的、多层次的云计算平台,快速汇集、集中分析与处理各部门的数据资源,把数据更好地应用在社会民生领域。加强数据资源价值挖掘,充分利用好数据价值资产,为提高政府决策能力、管理能力和服务能力服务。第四,加强数据安全保护,保护国家机密和公民隐私。要建立健全数据安全保护机制,对数据资源流动与交换涉及的各个环节进行重点管理和保护,避免涉及国家安全和个人隐私的数据源流出,保障国家安全和公民隐私。要加强信息管理控制能力,加强数据收集、存储、流动管理,确保交换过程中的安全运用,不断提高政府的数据可靠性和数据管理能力。

第四章
市场在共同富裕建设中的功能定位

　　共同富裕不是绝对平均、同步富裕,而是在生产力发展的基础上逐步实现全体社会成员普遍富裕,共享改革发展成果。实现共同富裕必须坚持以经济建设为中心,做大做优"蛋糕",为分好"蛋糕"提供坚实的物质基础。那么,如何提升经济总量,将"蛋糕"做大呢?市场经济在资源配置中的决定性作用和基础性地位决定了市场在共同富裕建设中将发挥至关重要的作用。

第一节　市场的基础知识

一、市场的内涵及分类

(一)市场的内涵

　　市场起源于古时人类对于在固定时段或地点进行交易的场所的称呼,古代也叫"墟市""墟集",后来泛指商品交换的领域,如国际市场、国内市场、农村市场等,也引申为各方参与交换的多种系统,如机构、程序、法律和基础设施等。市场是社会分工和商品经济发展的必然结果。市场通过价格波动规律直接影响着市场主体生产什么、生产多少、上市时间、产品销量等,它是连接商品经济发展过程中产、供、销各方的载体,为市场交易提供时间、场所和其他交换条件,以此实现商品生产者、经营者和消费者各自的经济利益。

　　现代成熟的市场往往具备以下特征:统一性、开放性、竞争性、有序性。

统一性可以使交易双方在商品的价格、品种、型号、质量上有更多的选择;开放性能促使各市场主体在更大范围内寻找合适的贸易或者合作伙伴;竞争性能促进产品质量的提升,使市场经济更富有活力;有序性能保证各市场主体公平竞争,确保生产经营者和消费者的合法权益不受侵害。

（二）市场的分类

市场分类的方法有很多,主要可以分成以下几个大类。

第一大类,按市场主体的不同分类。如:按购买者的购买目的和身份可以划分为生产商市场、中间商市场、消费者市场、政府市场;按照企业的角色可以划分为购买市场、销售市场等。

第二大类,按照交易对象的不同分类。如:按交易对象的最终用途可以分为生产资料市场和生活资料市场;按交易对象是否具有物质实体可以分为有形市场和无形市场;按交易对象的具体内容可以分为商品市场、技术市场、劳动力市场、金融市场和信息市场等。

第三大类,按交易的时间和空间分类。按市场地理位置或商品流通区域的不同可以分为各种地区市场,如北方市场、南方市场、沿海市场,或者国别市场、世界区域市场;按市场的时间标准不同可以分为现货市场和期货市场等。

第四大类,按照市场上竞争和垄断的关系,市场类型可以分为完全竞争市场、垄断竞争市场、寡头垄断市场及完全垄断市场。在完全竞争市场,厂商很多,产品同质,厂商不能影响价格,进出行业容易,经济效益最高,例如农产品市场。在垄断市场,厂商唯一,产品也唯一,且无相近的替代品,厂商在很大程度上可以影响市场价格,进出行业极其困难,经济效益最低,如一些国家的铁路等。在垄断竞争市场上,厂商很多,但有一些大企业占据市场主导,产品之间存在差别,厂商对市场价格有一些影响,进出行业比较容易,经济效益较高,如饮料、牙膏等。在寡头垄断市场,厂商有几个,产品有差别或无差别,厂商在相当程度上可以影响价格,进出行业比较困难,经济效益较低,如汽车、飞机、石油、通信等行业。

二、市场的发展历史

（一）中国市场的起源和发展

市场是伴随着社会分工和商品生产而产生与逐步繁荣的，它为人们提供货物以及买卖服务，方便人们寻找货物及接洽生意。中国历史上的集市起源很早，可上溯到秦汉之前的远古时代。司马光在《资治通鉴》中也说："神农日中为市，致天下之民，聚天下之货，交易而退，此立市始。"司马光认为原始社会就已经出现了市场。尽管神农氏的传说无法证实，但可以推测出原始社会后期伴随着农业的出现和发展，社会生产力有了一定提升后，原始部落里开始有了少量剩余的生产和生活产品可以用于交换，因而产生了市场的雏形——市井。原始社会里没有专门修建正式的交易场所，常是"因井为市"，即在井边进行简单的交易。《史记》中曾记载："古者相聚汲水，有物便卖，因成市，故云'市井'。"这样一来可以解决商人、牲畜用水之便，二来可以洗涤商品，有助于交易的顺利进行。"市井"一词也一直延续至今。

周朝已经开始形成固定的交易时段和地点，交易也更加频繁。周朝的交易活动每日分三次举行，"朝市"在早晨，"大市"在午后，"夕市"在傍晚。市场设有门，由官吏执鞭守在门口，以维护市场秩序。市场的各个贸易地点叫作"肆"，市内设有存储货物的屋舍，叫"廛"。"肆""廛"都是官府建造的，所以商人存入商品必须缴纳税费，叫"廛布"。人们进入市门进行交易，叫"市人"，这一时期的市场基本上都是"市井小人"开展商品交易活动的场所，也有些还会兼作官府处决罪犯的刑场。所谓的达官贵人是不允许随便出入市场的，以此维护当权者尊贵的身份。政府对于市场的管理也开始规范起来，设有专门的官员进行管理，并发布相应的命令——市令，商人必须遵守市令，否则将会遭到政府处罚。

到了两汉时期，市场的发展渐成规模。西汉时，全国有六个主要的商业城市，其中以国都长安（现称西安）最为著名。长安依靠水陆商路的便利与洛阳、宛（现称南阳）、临淄、邯郸、成都等著名的商市联系，形成一个全国性的商业网。商人们只要是在市中营业的，都要登记入册，称为"市籍"。取得

"市籍"的人需向官府缴纳"市租"。市的管理机构设在"市楼"上。这一时期交易的商品也更加丰富，各种农副产品、手工业商品皆有售卖，劳动力也可以买卖。关中一带，通过经商致富的人很多，当时有"以贫求富，农不如工，工不如商，刺绣文不如倚市门"的说法来形容经商的盛行。两汉时期，横贯亚欧的丝绸之路也逐渐畅通，外国商人和贡使通过丝绸之路，络绎不绝地来到长安，国际贸易开始出现。

到了唐宋时期，中国市场的发展进入了一个新的发展阶段，即由分散趋向整合，由封闭趋向开放，由割据趋向统一。唐朝以前，交通贸易还不是很发达，封建社会下小农经济自给自足的特征表现得比较明显，全国农作物与手工业分布呈现出明显的自然均衡状态，远距离的物资交流一般只能通过政府调拨来实现，大宗商品贸易能够辐射的范围很有限。普通市场流通的商品在品种上多局限于各地的名特产品，时间和空间上的延展幅度都不大，基本属于局部区域内的丰歉调剂，大宗商品的远距离贸易稀疏。到了宋朝，随着交通运输条件的改善，多种商品的远距离贸易有了长足发展，在商品交易的空间范围上有了明显的延伸。地区之间的商品粮流通也有了突破，开始出现远距离交易。如当时最大的商品粮基地太湖平原米谷可以辐射到杭州、浙东以及福建一带，两广米谷供给福建及浙东一带，长江中游各地的商品粮顺江而下远销至江淮地区。与此同时，一些区域性、专业化的商品生产崭露头角，如各地的纺织品、农特产品都开始跨区域流通，形成专业化的商品生产基地，远销四方。唐宋时期，随着坊市制度废弛，"草市""墟集"贸易也日渐活跃。到了宋朝，市和坊的界限被打破，经营时间限制也被打破，交易活动不再受官府的直接监管，还有一些"草市""墟集"更因交通便利、贸易繁盛，逐渐发展为镇市，汉口镇、佛山镇、景德镇、朱仙镇就是当时有名的四个商业名镇。

明清时期，市场机制的作用进一步显现。各地农作物、手工业品的加工制作开始兴盛，商品之间的市场竞争开始激烈，经过优胜劣汰，优质的商品在市场竞争中脱颖而出，声名远播，打破了小农经济自然均衡分布的状况，稻米业、陶瓷业、丝织业等一批全国知名的区域性商品基地出现。以蚕桑丝织业为例,作为我国的传统作物,唐宋以前蚕桑丝织品在全国各地都普遍存在。到了明清时期,历史最为悠久、产品质量上乘的华北蚕丝已经在市场竞争中落败,逐渐沉寂,而江南蚕丝则以其优良质地广布全国,一枝独秀,鲜有竞争对手。其他作物与行业也都发生过类似的重新洗牌与布局调整。这种经济地理布局的变动正是市场机制发挥作用的结果。经济地理布局的优化又促进了全国范围内的商品流通和资源配置。商品在全国范围内的市场流转,比如苏杭等地的棉布、丝绸及日用杂货等全国知名。显然,市场是江南商品生产持续发展和进步的动力,推而广之,也是全国经济地理布局的诱因。商品粮产地、经济作物种植区、经济作物加工区、手工业品产区之间的商品对流,互为产品市场,彼此依赖,相互促进。市场对资源的配置存在导向作用,价格机制开始有效地调节全国商品的地区平衡,这在商品粮市场中较为明显。《善化县志》中记载,"湖南米谷最多。然不以一岁之丰歉为贵贱,而以邻省之搬运为低昂"[①]。这就是说,湖南产地的米价,决定性的因素不再是自然丰歉,而是市场状况。

总体而言,在封建社会的历史形态下,中国传统市场开始形成并逐步发展,市场机制在资源配置中的作用逐渐显现,但受制于落后的生产力的束缚和封建社会自给自足的经济形态的影响,市场作用下的资源配置及其对全国范围内经济地理布局的影响还比较微弱,资源配置也没有成为全国经济地理布局的主导因素,全国也没有形成真正意义上的充分自由、竞争的统一大市场。及至近代,受帝国主义侵略和腐朽王朝的压制,市场经济体制在中国始终未能形成和壮大。

(二)世界市场的形成与发展

世界市场是各国交换货物和服务的场所。它通过分工,将原本零散的各个区域市场连接成一个有机的整体,使越来越多的商品和服务得以在世界范围内流通。就其结构而言,它包括订约人、货物分销渠道和调整机制。就其内容来看,世界市场可以分为货物市场、货币市场、保险市场和航运市场等。

---

① 邓永飞.米谷贸易、水稻生产与清代湖南社会经济.中国社会经济史研究,2006(2):45-54.

如同各个区域市场一样,世界市场的形成和发展也并非一蹴而就。它是在生产力出现明显飞跃的基础上,伴随着资本主义的发展,经历了从萌芽期、快速发展期到形成期的发展过程。从某种程度上来说,世界市场的形成历史就是资本主义向世界扩张的历史,将世界各国经济纳入资本主义国际分工体系的历史。

15世纪末16世纪初的地理大发现为地区性的贸易向世界性的贸易拓展开辟了新场所,商业、航海和工业空前高涨,新航路的开辟加强了世界各地的联系,也掀起了殖民掠夺的风潮。英国在17—18世纪先后战胜荷兰、法国,取得了世界殖民大国的地位,建立了广阔的海外市场,以欧洲为中心的世界市场雏形开始出现。18世纪60年代以后,第一次工业革命拓展到法、德、美等国家,使这些国家的社会生产力得到了极大提高。为了利润,资本主义工业国家开始在世界范围内寻找并抢占商品市场和原料产地,也因此把许多殖民地、半殖民地国家和地区一起纳入资本主义市场体系,使之成为资本主义工业国的经济附庸,世界市场体系初步形成。19世纪70年代后,在第二次工业革命的推动下,主要资本主义国家向帝国主义过渡,对外进行资本输出,在世界范围划分殖民地和势力范围,资本主义在经济、政治上取得了巨大的成就,开始用武力征服世界。世界上越来越多的地方被纳入资本主义世界市场之中,资本主义世界市场进一步扩大。19世纪末20世纪初,世界基本上已被瓜分完毕,资本主义世界体系和世界市场最终建立起来。

三、市场经济与中国特色社会主义市场经济

(一)市场经济

市场经济是指通过市场配置社会资源的经济形式。简单地说,就是将全部或者绝大部分社会资源配置交给市场,由各类市场主体根据市场供需变化规律自发调整价格和供求关系以达到资源最优配置状态的一种经济制度。

市场经济从诞生伊始便是人类历史上最具效率和活力的经济运行载体。截至目前,全世界绝大多数国家和地区都选择了市场经济的发展道路。

世界各国经济体制的趋同,一方面说明市场经济模式具有较强的多样性;另一方面也从侧面说明市场经济具有较强的吸纳能力和包容能力,能够适应各种社会形态。虽然在具体实践过程中,市场经济的运行模式有所不同。但现代市场经济存在以下几个方面的特点。

第一,资源配置市场化。市场经济摒弃以行政命令为主的资源配置方式,将市场作为国民经济联系的纽带和资源配置的主要方式,通过市场供求关系影响价格波动,引导资源在各市场主体之间自由流动,使社会资源得到合理有效配置。在市场经济运行中,各种社会资源都是直接或间接进入市场,由市场自发调节。

第二,市场主体的权利、责任、利益界定清晰。各类市场主体被赋予相应的权利、责任、利益,其在市场运行中的经济行为将受到市场竞争规则的约束和相关法律的保护,从而成为利益和风险自担的各种利益主体。市场主体权责的明确界定是其开展公平市场竞争的基础。

第三,市场竞争是经济运行的基础。市场经济普遍强调公平竞争,各类市场主体在市场竞争中优胜劣汰,进而促进生产力不断提高。为保障竞争的公平性,政府往往会在法律上营造适当的外部环境,为企业提供公平竞争的机会。

第四,政府进行必要、有效的宏观控制。国家对经济进行必要的干预和调控是市场经济保持稳定的重要保障。政府往往运用经济手段、法律手段以及必要的行政手段对经济实行干预和控制。政府恰当而又有效的宏观调控可以为经济正常运转提供保障,有效弥补和纠正市场缺陷。

第五,经济关系国际化。现代市场经济是一个开放的世界经济体系,各国经济按照互利互惠、扬长避短的原则被纳入国际大市场,进入国际大循环。各种商品的国际进出口贸易、资金流动、技术转移和无形贸易发展等国际经济交流非常频繁,同时也形成了各种被普遍认可和接受的国际规则与惯例,以此来协调国际关系和国际利益。

(二)中国特色社会主义市场经济

中华人民共和国成立以后,走上了社会主义道路,在社会主义建设的初期,在经济体制方面主要学习苏联模式,采取计划经济体制。我国的社会主义市场经济体制是在 1978 年改革开放以后才开始逐步确立的。

党的十一届三中全会开启了改革开放历史新时期。改革初期,采取的是"计划经济为主,市场调节为辅"的经济方针,直到 1983 年提出"有计划的商品经济"理论,其进一步发展了"计划经济为主,市场调节为辅"的经济思想。1987 年,党中央提出了"国家调节市场,市场引导企业"理论,突破了改革开放初期计划与市场各行其是的老框架,成为"有计划的商品经济"理论的重大发展。1992 年,党中央提出确立和建设社会主义市场经济体制,这一改革思路的提出是改革开放以来经济体制改革理论的重大突破,开创了经济体制改革的新实践。2002 年,党的十六大正式宣告我国社会主义市场经济体制初步建立,不过这时的市场经济"框架"发育程度还不是很成熟。2003 年召开的党的十六届三中全会通过了《中共中央关于完善社会主义市场经济体制若干问题的决定》,标志着中国经济体制改革从初步建立社会主义市场经济体制进入完善社会主义市场经济体制的新时期。新时代市场经济发展的总体要求是要站在新的历史起点上加快完善社会主义市场经济体制。可以看到,我国的市场经济发展日趋成熟。

第二节   市场经济在共同富裕建设中的作用

一、扩大经济总量,实现富裕的基础

在共同富裕中,富裕是基础。而发展市场经济是实现共同富裕的基础。只有将"蛋糕"做大做强,实现经济总量的提升,才能提高人均的总量,具体表现在以下几个方面。

第一,实践证明,市场经济是迄今为止创造财富总量最多的经济模式。市场经济如同生命体一样,是自发形成的复杂秩序。市场经济发展至今,已经是一套非常成熟的经济体制,为人类历史的发展创造了惊人的物质财富。

张维迎(2009)在《看不见的手看得见的企业家》一文中提到:"根据美国伯克利大学经济学家德隆(Brandford DeLong)的研究,在人类历史上,从旧石器时代到公元 2000 年的 250 万年间,人类花了 99.4% 的时间,即到 15000 年前,世界人均 GDP 达到了 90 国际元(这是按照 1990 年国际购买力核定的一个财富度量单位)。然后,又花了 0.59% 的时间,到公元 1750 年,世界人均 GDP 达到 180 国际元。从 1750 年开始,到 2000 年,即在 0.01% 的时间内,世界的人均 GDP 增加了 37 倍,达到 6600 国际元。"如果我们将德隆的数据画在坐标图上的话,应该可以清晰地看到,在人类过去的 99.99% 的时间里,世界人均 GDP 基本是一条水平线,而在最后那 0.01% 的时间里,人均 GDP 突然有了一个几乎是垂直上升的增长。这种垂直上升的物质财富正是得益于生产力的飞速发展和市场经济体制的日益成熟。这种增长趋势不仅体现在美、英、日、澳等发达资本主义国家,也同样体现在以中国为代表的社会主义国家。在人类历史上,市场经济创造了惊人的物质财富,前所未有地提高了生产力水平,进而推动了人类社会飞速向前发展,改变了人们生活的方方面面。正如《共产党宣言》中所指出的:"资产阶级在它不到一百年的阶级统治中所创造的生产力,比过去一切世代所创造的全部生产力还要多,还要大。"

第二,实践证明,市场经济适应各种政治体制。资本主义的发展壮大得益于市场经济的发展。而实际上,纵观以中国为代表的社会主义国家的经济发展历史,不难发现,社会主义国家经济的飞速发展同样离不开市场经济的发展。以中国为例,新中国成立以后在政治、经济、社会等方面取得了一系列举世瞩目的成就,且自 1978 年开始探索发展市场经济以后,经济上更是实现了飞速发展。国家统计局发布的《新中国成立 70 周年经济社会发展成就系列报告》显示,新中国成立以来我国国民经济持续快速增长,经济总量连上新台阶。数据显示:1952 年,我国国内生产总值仅为 679 亿元人民币,人均国内生产总值为 119 元人民币;到了 1978 年,我国国内生产总值增加到 3679 亿元人民币,占世界经济的比重为 1.8%,居全球第 11 位。改革开放以来,我国经济快速发展,1986 年经济总量突破 1 万亿元人民币,2000

年突破 10 万亿元人民币大关，超过意大利成为世界第六大经济体，2010 年达到 412119 亿元人民币，超过日本并连年稳居世界第二。党的十八大以来，我国综合国力持续提升。2016—2018 年，我国经济总量连续跨越 70 万亿元、80 万亿元和 90 万亿元人民币大关，2018 年达到 900309 亿元人民币，占世界经济的比重接近 16％。按不变价计算，2018 年国内生产总值比 1952 年增长 175 倍，年均增长 8.1％；其中，1979—2018 年年均增长 9.4％，远高于同期世界经济 2.9％左右的年均增速，对世界经济增长的年均贡献率为 18％左右，仅次于美国，位居世界第二。2018 年，我国人均国民总收入达到 9732 美元，高于中等收入国家平均水平。中国用实践证明，市场经济具有极强的适应性和兼容能力，不管是什么社会形态都能释放出巨大的能量与活力。

马克思早已告诉世人，资本主义不仅不能克服反而还会放大市场经济固有的缺陷。在资本主义社会，市场经济虽然创造出了巨大的成绩，但也难以掩盖资本主义内部尖锐的社会矛盾和严重弊端，生产社会化和资本主义私有制之间的矛盾难以调和，不断引发周期性的经济危机，使经济陷入瘫痪或衰退。以资本为主的分配制度又会进一步加剧贫富分化，造成社会的不公，资本家对利润的偏执又会给生态环境造成难以弥补的伤害，资本的贪婪导致人与人之间的关系被物化等。相对而言，社会主义更能够最大限度地发挥市场经济的优势，促进生产力的发展。

二、激发市场主体活力，推动全民共同创造

第一，市场经济的竞争性有利于激发各类市场主体的活力。从共同富裕实现的路径来看，它需要全体人民通过辛勤劳动和相互帮助来实现美好生活，只有人人参与、人人奉献，才能人人享有、共同富裕。在市场经济体制中，一切经济活动都直接或者间接地处于市场关系之中，各种市场主体都通过直接或者间接的经济活动进行着各种资源和利益的交换，市场机制是推动生产要素有序流动，促进资源优化配置的基本运行机制。市场经济条件下，所有企业都具有从事商品生产经营所应拥有的全部权利，自觉地面向市

场,接受社会的监督。由于商品的价值取决于社会必要劳动时间,商品生产者要想获取更多利润,就需要使单位产品的个别劳动时间低于社会必要劳动时间,因而同类商品生产者之间必然存在竞争。市场经济是开放的,它要求各国市场既要对国内开放,也要对国外开放。任何形式的边界封锁、部门分割和非关税贸易壁垒都会导致资源配置的效率降低。市场竞争机制支配下的企业行为使市场处于非平衡状态,生产要素在非平衡的状态下通过市场竞争自由流通,又可产生平衡的倾向。竞争是市场经济的主要表现,优胜劣汰是市场经济的生存法则。这就必然会激发各类市场主体的活力,各类市场主体在遵从市场规则的前提下,根据市场价格信号、供求关系不断调整经营策略,并主动通过技术改良、科学管理、制度优化等,大力提高产品和服务质量,降低成本,提高核心竞争力,在公平的市场竞争中占据优势地位,求得生存、求得发展,从而不断提高社会生产力。

第二,由市场主导调节初次收入分配体系有利于兼顾公平和效率。在社会主义市场经济条件下,效率与公平相辅相成,不可或缺。效率是公平的物质前提,公平是效率的重要保障,效率与公平互为表里、相互促进。市场在资源配置中起决定性作用,意味着凡是依靠市场机制能够提高效率和效益,且不会损害社会公平和正义的,都应当交给市场来运作,政府和社会组织不应该干预。对于共同富裕建设而言,公平并不意味着平均分配、整齐划一,而应该是在付出和收获相一致,以及社会生产力高度发达的基础上,人人共享劳动成果。因此,在共同富裕建设过程中收入分配体系至关重要,需要同时兼顾效率和公平。初次收入分配是基础性的分配关系,它要解决的主要是货币资本的所有者与人力资本的所有者之间的利益分配问题,涉及面广且数额巨大,而且初次收入分配的基础性作用还体现在如果初次分配中出现重大的社会不公正,那么再分配往往也难以扭转。由此可见,效率与公平统一在初次分配领域最为重要。而市场经济将这些对创造利润有益的各种因素,如生产资料、资金、管理、技术、市场、劳动力、信息、营销等交给市场,由市场自发进行调节,谁能利用这些要素做出贡献,谁就能分到一杯羹,这样就能够实现总体效率和效益的最大化。同时,这种"谁贡献多,谁就收益大"的分配模式也是公平分配、共创共享的体现,能够最大限度地兼顾公平和效率,反之,如果市场中调节机制缺失,则会导致分配秩序混乱,从而造成收入差距扩大。

三、促进产品和服务的多样性,实现全面富裕

从共同富裕的内涵来看,共同富裕的最终目标不仅仅是物质财富的极大丰裕,而是涵盖了物质、精神、文化、生态、社会和公共服务等若干领域,是多维度的富裕,不仅是人的全面发展,还是全社会物质文明、政治文明、精神文明、社会文明、生态文明的全面提升。简单来说,是个人和国家全面的共同富裕,而非单纯的、单一的物质富裕。迄今为止只有市场经济促进了人类经济的发展,也促进了人类文明的繁荣。市场经济之所以能够给人类带来繁荣和文明,是因为分工,即专业化。亚当·斯密在其论述市场经济的著作《国富论》中指出,分工之所以能够提高效率,是因为分工可以使人们按照自己的比较优势进行专业化的生产。除了分工,还在于它特有的竞争。原联邦德国总理艾哈德在《来自竞争的繁荣》中指出,"竞争是获得和保证繁荣最有效的手段,只有竞争才能使作为消费者的人从中受到实惠"[①]。在生产同样商品的情况下,竞争者们为了尽可能地争取到最大数量的消费者,会千方百计地提高效率,降低成本,最大限度地降低商品的价格。老的产品的生产最终会饱和,为了进一步把消费者潜在的消费欲望调动起来,企业就必须把新的产品开发出来。率先进行产品创新者会因最先创新的稀缺获得超额利润,从而处于有利的竞争地位。在这个过程中,不善于创新、墨守成规的企业要么不能占有大量的市场份额,要么处于产业链的末端并最终被挤垮。正是基于这种激烈竞争和生存的需要,创新成为市场经济的常态,从而不断为社会提供更多、更丰富的产品和服务,实现人类社会全面发展和进步。而且,市场经济运作方式的优势还在于它大大降低了社会组织成本,明确界定了政府和市场的界限,大大提高了社会经济的运行效率。

---

① 路德维希·艾哈德. 来自竞争的繁荣. 祝世康,穆家骥,译. 北京:商务印书馆,1983.

第三节　市场主体在共同富裕建设中的角色定位

一、市场主体的发展概况

市场主体是市场上从事交易活动的组织和个人，即商品进入市场的监护人、所有者。它具有自主性、追利性和能动性等基本特性，既包括自然人，也包括以一定组织形式出现的法人；既包括营利性机构，也包括非营利性机构。企业、居民和其他非营利性机构构成了市场主体的主要形态，其中，企业是最重要的市场主体。

改革开放以来，随着市场经济的逐步确立与发展，各类市场主体迅速增多并活跃起来，为我国社会主义现代化建设做出了显著的贡献。2018 年 12 月 25 日，国务院新闻办公室举办发布会介绍市场主体登记注册改革发展 40 年的情况。时任国家市场监督管理总局副局长马正其在发布会上说："40 年来，我国市场主体数量从改革开放初期的 49 万户，增长到 2018 年 11 月底的 1.09 亿户，增长了 222 倍。其中，实有企业达到 3434.64 万户。日均新设市场主体 5.8 万户，日均新设企业 1.8 万户。千人企业数量达 24.7 户，较商事制度改革前的 2013 年 11.36 户增长了 117％。"[①]"十三五"期间，市场主体数量新增 6000 多万户。2020 年，中国全年新登记市场主体 2502 万户，日均新登记企业 2.2 万户，年末市场主体总数达 1.4 亿户。根据《中华人民共和国 2021 年国民经济和社会发展统计公报》可以看到，2021 年，全年新登记市场主体 2887 万户，日均新登记企业 2.5 万户，年末市场主体总数达 1.5 亿户。截至 2022 年 4 月底，全国实有市场主体达 1.58 亿户，仍保持 10.5％的较高

---

① 新闻办就市场主体登记注册改革发展 40 年有关情况举行新闻发布会.(2018-12-25)[2022-07-25]. https://www.gov.cn/xinwen/2018－12/25/content_5352060.htm.

增速。① 上述统计数据清晰显示出市场主体在我国社会主义现代化建设过程中举足轻重的作用。

这些市场经济主体如同构成人体的一个个细胞，是市场经济最基础、最活跃的组成部分。只有找准角色，明晰定位，充分激发市场主体的活力，才能将市场经济在共同富裕建设中的作用充分发挥出来。鉴于非营利性组织在社会治理方面的特殊性，其功能作用将在社会组织的章节里单独展开论述。本章主要围绕最重要的市场主体——企业展开。

二、企业在共同富裕建设中的角色定位

在第三章中，我们将共同富裕的目标比作一场顶尖的赛事，政府在其中应当扮演"赛事举办方""赛事承办方""赛事裁判员"的角色，那么，企业就好比这场赛事的"运动员""赞助商""教练员"，"运动员"的表现是赛事最大的看点和亮点，"赞助商"的人力、物力和财力等的支持是比赛得以持续的保障，"教练员"是"运动员"赛出成绩、赛出风格的技术指导，同时也肩负着监督"赛事裁判员"的职责，以保障赛事的公平性。

（一）运动员

运动员是指从事体育运动的专业人员。对于专业运动员而言，其所有活动的价值与功能都是通过体育竞赛实现的。运动员如何在各类竞赛，特别是重大赛事中发挥在运动训练中已经具备的竞技能力，创造理想的运动成绩是竞技体育理论中的核心命题之一。对于体育赛事而言，运动员的参赛、备赛行为和流露出的精神风貌都是赛事的精彩看点，是赛事的灵魂和举办赛事的根本。对于共同富裕建设来说，企业就好比是共同富裕建设中的"运动员"，他们是真正活跃市场、创造物质财富和精神文明的人。

第一，企业是市场经济中最重要的主体。企业是以营利为目的，从事生产、流通、服务等活动的自主经营、独立核算的经济单位，具有组织性、营利

---

① 中华人民共和国 2021 年国民经济和社会发展统计公报.（2022-02-28）［2022-07-25］. http://www.gov.cn/xinwen/2022-02/28/content_5676015.htm.

性、自治性等基本属性。它可能是居民,也可能是法人。企业作为市场中最重要、最活跃的主体,类型多样,内容多元,规模和利润都存在较大差异。大到利国利民的航空航天,小至走街串巷的贩夫走卒,都可能以企业的形式存在;近至车水马龙的城市中心,远至人迹罕至的深山老林,都有企业活动的印迹。从服务内容来看,有工业企业、建筑企业、商业企业、农业企业、金融企业、交通运输企业、服务性企业;从资产结构来看,有业主制企业、合伙制企业、公司制企业;从所有权归属来看,有全民所有制企业、集体所有制企业、私营企业、联营企业、外商投资企业;从企业规模来看,有大型企业、中型企业、小型企业等。他们是市场经济最重要、最活跃的主体。

第二,企业是经济发展的主体力量。它们是改革开放以来我国社会主义现代化建设的主体力量,也是经济发展的主体力量,还是物质财富和精神财富的主要创造者。其中,国有企业更是国民经济发展的中坚力量。国有经济又称全民所有制经济,是国民经济的主导力量。国有经济是指生产资料归国家所有的一种经济类型,是社会主义公有制经济的重要成分。目前,中国的金融、铁路、通信、航空、石油、电力等关键领域基本由国有企业经营;中国的交通、冶金、化工、汽车、机械、电子等重要原材料行业和支柱行业均由国有企业占支配性地位。国有企业是国家财政收入的主要来源,有力地支持着国家的改革和建设。要实现共同富裕,就要提高综合国力和人民生活水平,进一步解放和发展生产力,同时必须掌握独立自主的、比较完整的工业体系和国民经济体系。国有企业,特别是国有大中型骨干企业,是中国工业和国民经济发展的中坚力量,只有千方百计地把国企搞好,进一步在改革和发展中壮大国有经济,才能加快中国的工业化和现代化进程。

第三,企业是创新转化的主体力量。创新是一个民族进步的灵魂,是一个国家兴旺发达的不竭动力,也是在现代激烈的国际竞争中立于不败之地的关键因素,是解放和发展生产力的不懈力量。创新不仅仅是一种思想,还需要有组织或者个人将它转化为成果应用于生产生活。根据智高点(简称IPTOP)知识产权平台公布的数据可知,2021年中国发明专利授权量排名前十的分别为华为技术有限公司、腾讯科技(深圳)有限公司、OPPO广东移动通信有限公司、京东方科技集团股份有限公司、中国石油化工股份有限公司、浙江大学、国家电网有限公司、维沃移动通信有限公司、珠海格力电器股份有限公司、清华大学。中国发明专利授权量排名前十中有八名是企业（见表4-1）。企业堪称创新的摇篮，民营企业更是彰显活力。国家知识产权局知识产权发展研究中心发布的《中国民营企业发明专利授权量报告（2021）》显示，2021年，我国发明专利授权量达69.6万件，在排名前十的国内企业中，民营企业更是占据七席，民营企业正逐渐走向创新舞台中央，成为推动我国科技创新的重要力量，对经济社会发展的贡献日益加大，特别是创新成果逐渐应用于通信、出行、支付、餐饮等各个领域，不断赋能人民的美好生活。2023年1月16日，在国务院新闻办公室举行的新闻发布会上，国家知识产权局副局长胡文辉介绍2022年知识产权相关工作情况时指出："截至2022年底，我国发明专利有效量为421.2万件。其中，国内（不含港澳台）发明专利有效量为328.0万件""国内企业创新活力不断增强。截至2022年底，我国国内拥有有效发明专利的企业达35.5万家，较上年增加5.7万家，拥有有效发明专利232.4万件，同比增长21.8%。其中高新技术企业、专精特新"小巨人"企业拥有有效发明专利151.2万件，占国内企业拥有总量的65.1%，较上年同期提高0.5个百分点。"①可见，企业既是创新的主体，也是将创新转化为成果的主体。

表4-1　2020—2021年中国发明专利授权量（前十名）

排名	2020 年		2021 年	
1	华为技术有限公司	6403	华为技术有限公司	7497
2	浙江大学	3603	腾讯科技（深圳）有限公司	4536
3	OPPO 广东移动通信有限公司	3581	OPPO 广东移动通信有限公司	4179
4	清华大学	3027	京东方科技集团股份有限公司	3841
5	中国石油化工股份有限公司	2921	中国石油化工股份有限公司	3596

① 国家知识产权局：我国发明专利有效量为 421.2 万件. (2023-01-16)［2023-03-23］. https://www.360kuai.com/pc/976f2a93155d5f848? cota＝3＆kuai_so＝1＆sign＝360_7bc3b157.

续表

排名	2020 年		2021 年	
6	京东方科技集团股份有限公司	2882	浙江大学	2985
7	腾讯科技(深圳)有限公司	2813	国家电网有限公司	2936
8	珠海格力电器股份有限公司	2678	维沃移动通信有限公司	2898
9	西安交通大学	2548	珠海格力电器股份有限公司	2880
10	国家电网有限公司	2499	清华大学	2743

综上所述,企业在共同富裕建设中的作用首屈一指,堪称共同富裕建设的主力军。共同富裕是建立在经济大幅增长、生产力高度发展的基础上的,人民生活水平都有明显提升的一种理想目标,而实现这一目标的最重要的主体就是企业。

(二)赞助商

赞助商是指为体育赛事或运动队提供经费、实物或相关服务等支持的企业或个人。在体育赛事中,赞助商为赛事或运动队提供技术、经费、实务或其他相关服务和支持,体育赛事组织者或运动队则以允许赞助商享有冠名权、标志使用权、特许销售权或为赞助商进行商业宣传作为回报。赞助不是慈善行为、卖广告或属冠名权,而是双方资源重新配置的深层次合作,是一种互利互惠、合作共赢的行为,同时也是企业社会责任的体现。随着经济和社会的进步,企业不仅要对股东负责,对员工负责,对消费者负责,而且要对环境负责,承担起相应的社会责任,这些已经逐渐成为社会的共识。共同富裕作为全国人民的共同期盼和奋斗目标,堪称中国社会的头等大事,既是每位中华儿女应尽的职责,也是企业应尽的社会责任。企业履行社会责任的过程,也是企业树立良好的社会形象,获取无形资源的过程,本质上也是一种互利互惠的行为过程。

第一,企业社会责任的体现。企业社会责任是指企业在创造利润、对股东和员工承担法律责任的同时,还要承担对消费者、社区和环境的责任。企业社会责任的思想要求企业必须摒弃把利润作为唯一目标的传统理念,自发地在生产过程中加强对人和社会价值的关注,并主动对环境负责,对消费者负责，对社会负责，做出相应的贡献。企业从自然和社会环境中获取资源用于赚取利润，在这个过程中，必然将对资源、环境产生一定的影响，因而企业必然要承担更多的社会责任。有一种观点认为，利润最大化是企业的第二目标，企业的第一目标应该是确保自身能够生存下去。为了确保生存环境得以持续，他们必须承担相应的社会义务，支付由企业生产而增加的社会成本，以不污染、不歧视、不欺骗的方式来宣传和保护社会福利，积极融入企业周边的社区组织及资助慈善组织，树立良好的社会形象，在社会公益中扮演更加积极的角色。从实践情况来看，自 20 世纪 80 年代企业社会责任运动开始在欧美发达国家兴起以来，已经向包括中国在内的世界多国扩散，涉及环保、劳工、人权、环境保护等越来越广泛的内容。从 21 世纪初开始，企业社会责任在中国也得到了广泛关注。中国的学术机构、非政府组织以及在华国际组织开始对社会责任进行系统的介绍和广泛的研究、讨论。企业社会责任在争议声中越来越被社会各界所认可。政府部门也开始逐渐关注企业社会责任的建设工作。劳动和社会保障部、商务部还专门组织调查了中国企业社会责任的建设情况。2006 年修订的《公司法》第五条也进一步明确了企业社会责任，指出"公司从事经营活动，必须遵守法律、行政法规，遵守社会公德、商业道德，诚实守信，接受政府和社会公众的监督，承担社会责任。"企业社会责任中涉及的有关资源利用、环境保护、人权保护等本就是共同富裕建设的应有之义，因此，加强共同富裕建设中的社会、文化、环境建设等也是企业承担社会责任的重要体现。企业履行社会责任有助于缩小贫富差距，保护生态环境，促进人与自然和谐相处。

　　第二，企业公民责任的体现。共同富裕是指全体人民通过辛勤劳动和相互帮助最终达到丰衣足食的生活水平，这需要每一位中国人为之奋斗。解放和发展生产力的主体是人民群众，解放和发展生产力的任务也要靠每一位中国人去完成。邓小平在党的十二大开幕词中指出："我们党提出的各项重大任务，没有一项不是依靠广大人民的艰苦努力来完成的。"共同富裕不会自动到来，美好生活也不会从天而降，而是要在亿万人民的苦干、实干中实现。在通往共同富裕的道路上唯有共同奋斗、不懈奋斗才能实现共同富裕。总而言之,共同富裕要靠共同奋斗。企业作为社会基本的单元和细胞,一方面,它本身就是社会的一分子,遍布在全国各地;另一方面,它又吸纳了众多的就业者,服务了众多的消费者,连接了政府、社会组织、产业链上下游的众多合作伙伴,它的一言一行又会影响和带动更多人民群众的思想和行为。因此,企业作为创造社会财富的基本单元,它们对于共同富裕的认可度、理解度、关心度、参与度不仅直接影响着企业投资者、管理者和企业员工对于共同富裕建设的认识、投入以及配合程度,也影响着人民群众对于共同富裕的关注和参与。将共同富裕建设的思想和行动传递给身边的每一个人也是中国企业应尽的责任与义务。

第三,企业竞争力的体现。企业落实社会责任,实现企业经济责任、社会责任和环境责任的动态平衡,共同努力实现共同富裕建设这一伟大目标,不仅不会降低企业的效率,减少利润,反而能够提升企业的美誉度和竞争力,更重要的是可以树立企业良好的社会形象,提升企业的信任度,促进企业长远经营目标的实现。企业诚实守信,依法经营,勇于履责的行为,一方面能够吸引更多、更优秀的劳动力资源,激励他们创造更多的价值;另一方面也有助于提升公司的品牌形象,收获所有利益相关者的良好印象,增强投资者信心,为企业获取更多的人力、物力和财力支持。更重要的是,企业落实社会责任有助于在消费者心目中树立正面的企业形象,进而提高客户的满意度和忠诚度,扩大企业的销量,提高产品占有率等。同时,企业对资源和环境的可持续发展负有不可推卸的责任,而企业积极履行社会责任,通过技术革新降低生产活动各个环节可能对环境造成的伤害,既可以降低能耗,节约资源,也可以降低生产成本,使产品价格更具竞争力。

(三)教练员

教练员指在运动训练中培养和训练运动员的专门人员。教练员凭专项运动的理论知识和较高的技术水平,以及所掌握的先进的教学和训练方法,对运动员的思想、身体、技术、战术和道德意志等进行全面设计、培训、引导与督促,促使运动员在原有的水平上得到较快提高。在体育比赛中,教练员除了提供运动员的技术指导和生活保障,还会不自觉地对赛事中的裁判行为进行监督，以避免自己所带的运动员遭到不公正的判罚。裁判员和运动员在遭到不公正的判罚后，有权向赛事组委会进行申诉，以保护自身的正当权益。

当前，我国经济已从高速增长阶段转向高质量发展阶段，发展不平衡不充分、城乡差异以及区域经济发展差异等问题仍然比较突出。此外，当前中国尚处在转型之中，许多领域的市场化还没有完成，要素市场中如劳动力、土地等生产要素仍然受到户籍、土地性质等较多的行政管制的影响，产业结构还不够合理，市场经济发展还不是非常充分、平衡，使资源配置的效率难以实现最优化，进而影响生产力的发展。计划经济向市场经济转型中的思想障碍、制度障碍仍然存在，政府与市场"两只手"的配合还不够灵敏，比如：可能出现在市场能够有效配置资源的领域打着"公平分配"的旗号，增加政府管制，导致资源利用效率降低的情况，推动国有化很可能降低效率；也可能在市场失灵的领域打着"提升效率"的旗号不恰当地减少政府的干预和纠正，在一些公用事业等天然垄断的行业推动私有化，或者一些公职人员利用职务之便牟取私利，出现一些不恰当干预市场经济的行为等。这些都将影响共同富裕的实现，成为共同富裕建设的制度性障碍。企业作为市场最重要、数量最多的主体，既能够充分感知市场环境的变化，又能够及时发现、监督政府或部分公职人员的越位、不恰当行为，促进"两只手"的有效、高效配合，从而最大程度地发挥市场经济的优势，并且减少市场失灵带来的不良影响。

第四节　完善社会主义市场经济，夯实共同富裕物质基础

经过 40 多年的改革开放，中国特色社会主义市场经济体制已经逐步确立并走向成熟，在中国经济的发展过程中发挥了重要作用，为共同富裕目标的实现奠定了比较充分的物质基础。但是，由于历史、体制等多方面因素的

影响,中国特色社会主义市场经济还存在许多有待进一步完善的地方,比如行业垄断、贸易壁垒、市场准入限制等问题始终存在。建设全国统一大市场仍然壁垒重重,这在一定程度上限制了市场经济优势作用的发挥。因此,要实现共同富裕,首先要进一步完善社会主义市场经济体制,激发各类市场主体的活力,为实现共同富裕积累丰厚的物质基础。

一、健全市场法规,净化营商环境

建立公平公正的市场规则是维护健康、稳定的市场环境,促进市场主体公平竞争,以及激发市场经济活力的必要条件。完善市场经济首先要建立适应社会主义市场经济的法律法规。健全的法律法规有利于充分保障市场在资源配置中的决定性作用,也便于政府部门依法对市场主体进行管理,保障各类市场主体公平、有序竞争,确保各类生产要素获得相应贡献和价值回报,形成兼顾效率与公平的国民收入初次分配体系,将各类市场主体的收入差距控制在合理范围内。

第一,建立健全市场经济的法律法规。一是建立健全产权保护的法律法规。明晰的产权是市场交易的重要前提。建立健全产权制度是市场主体之间进行贸易交换的重要保障。逐渐走向成熟的社会主义市场经济迫切要求建立健全与之相适应的产权保护制度。因此,必须在宪法和物权法的基础上,形成完备的、适应各类所有制财产的产权保护体系,对各类财产依法进行保护,提高各类产权主体市场交换的积极性,促进各种生产要素的有序流通。二是推进依法治国、依法行政。市场经济的本质是法治经济,它不但要求制定健全的法律法规来维护市场秩序,约束各市场主体的行为,而且要求政府也必须在法律框架内依法行政,用法律的"缰绳"约束行政主体,避免行政主体滥用权力,随意以公共权力侵害各类市场主体的正当权益。三是加强知识产权保护,探索建立健全专利权、著作权等各类知识产权的侵权赔偿和惩罚制度,激发市场改革创新的活力,增强各类市场主体的创新精神。建立知识产权侵权赔偿制度,积极打造良好的行业环境和竞争环境。四是健全增加城乡居民财产性收入的各项保障制度。只有不断完善城乡居民财产性收入的各项保障制度,使个人的合法财产得到切实有效的保护,才能充分激发人们参与市场投资,增强生产经营的活力和创造力,增强经济发展的内生动力,进一步提高资源配置和利用效率。政府相关部门需要加快建立健全适应当前经济形势的法律法规,坚定社会主义市场经济体制,建立健全产权交易和转让制度,完善多层次资本市场,确保有法可依、违法必究。要整顿收入分配秩序,加强垄断行业收入分配管理,维护分配秩序,坚决打击非法收入,努力将国民收入差距控制在合理范围内。

第二,加强市场监管,净化营商环境。健康的营商环境可以为各类市场主体,特别是中小微企业发展注入活力,有助于企业创新发展,调动人们创业致富的积极性。近年来,我国在净化营商环境、加强市场监督、保障公平竞争方面取得了明显成效,但是地方和行业保护依然存在,也成了妨碍市场开放和公平竞争的主要障碍。部分地区低水平重复建设、地区封锁、同质化竞争依然存在,在一定程度上阻碍了人员的流动和其他市场要素的流通。这些现象和问题的存在既不利于做大"蛋糕",也不利于分好"蛋糕",甚至成为推进全国统一大市场的主要风险来源之一。因此,要建立统一的市场监管机制,破除地方保护主义、打破区域与行业壁垒、打击垄断和不正当竞争等违法违规行为,着力推动营商环境持续改善,充分发挥我国超大规模市场的发展潜力,促进市场自发调节,形成优胜劣汰的公平竞争机制,进一步激发要素活力,为在高质量发展中实现共同富裕提供内生动力。一是完善政府监督体系。改进市场监管机制,将监管由集中转向分层,由单一转向多元。充分发挥国家金融监管机构的监督作用,建立更加规范、更加透明的信息公开制度,把政府监管、媒体监管、社会监管与行业自律相结合,构建多元化的监管体系,以保障市场健康有序运行。二是重点加强和改进国有资产的产权监管。进一步落实国有企业监事会制度,每年对企业进行定期检查、专项检查,防止企业资产流失,构建全方位、多层次、多个机构组合的监督体系。三是不断健全财务监督制度和审计监督制度。加强重点领域、重点行业、重点项目的工商与税务监督,充分发挥工会与职工监督,以及新闻媒体、社会舆论监督的积极作用,坚决打击内幕交易、财务造假、偷税漏税、股市操纵等非法收入获取行为。四是加强对中介机构的监管。吸引审计、会计、投资、咨询、评估、金融、交易、法律、专利等方面的中介机构参与,促进中介服务社会化。强化对包括科技成果评估认定机构、技术交易经纪机构、行业自律组织、风险投资管理顾问机构、监督和信息披露机构等在内的中介服务体系监管,营造风清气正的市场环境。

二、构建全国统一大市场,促进生产要素流通

习近平总书记指出:"全体人民共同富裕是一个总体概念,是对全社会而言的,不要分成城市一块、农村一块,或者东部、中部、西部地区各一块。"①建设全国统一大市场,既是完善市场经济的重要措施,也是促进全体人民共同富裕的内在要求,对于完善市场经济,加快推进共同富裕进程都有着重要意义。2022 年 4 月发布的《中共中央 国务院关于加快建设全国统一大市场的意见》从全局和战略高度提出了加快建设全国统一大市场的目标与举措。

第一,推动全国信息平台互通共享。信息是现代市场经济的重要资源之一,信息不对称不仅会导致市场对资源配置的失灵,降低资源利用效率,同时也会阻碍市场要素的均衡流动,阻碍市场要素向高水平供需平衡跃升。当前我国信息和数据获取门槛较高,城乡和区域发展不协调,如果不能及时调整,那反过来还会进一步拉开差距,进一步加剧城乡差别、区域差别。因此,要积极建设现代信息流通网络、丰富信息资源平台、完善信息交互渠道、推动交易平台优化升级,加快信息基础设施建设,推进全国信息市场的高标准联通。通过搭建城乡融合、分层开放、区域联通、规范安全的信息资源共享网络,促进信息的传播和流通,使各个区域都能在全国统一的信息市场中获得平等的发展机会。

第二,提升生产要素资源配置效率。建设全国统一的生产要素市场既是提高市场经济资源配置效率、促进经济增长的关键措施,也是促进社会公平、缩小贫富差距的重要保障。当前如户籍制度等阻碍人力资源自由流动

---

① 习近平. 扎实推动共同富裕. (2021-10-15)[2022-07-18]. http://jhsjk. people. cn/article/32255147.

的体制机制障碍依然存在，跟完全实现要素的市场化配置之间仍有较大距离，对于实现提高劳动报酬在国民收入中占比的目标仍有一定阻碍。因此，要尽快改革户籍制度，进一步破除阻碍生产要素自主有序流动的体制机制障碍，消除不合理的限制措施，避免劳动力流动受阻。建立健全统一的土地、数据、资本、信息、能源、技术和生态环境市场，加快构建生产要素资源市场化配置体制。促进区域、行业、企业积极构建社会资源网络，促进各类要素资源的有效整合，提高资源的利用效率。

第三，提高商品服务供给能力。当前，我国供给结构对需求变化的适应性依然不够，有效供给不足带来的需求外溢现象在一定程度上阻碍了经济增长，拖慢了实现共同富裕的步伐。因此，要坚持深化供给侧结构性改革，健全商品质量体系，全面提升消费服务质量，减少无效和低端供给，推进内外贸产品同线、同标、同质，完善标准和计量体系，促进商品、贸易和服务市场的高水平统一。要加强有利于形成高质量商品和服务供给的政策引导，使我国经济朝着更能够满足人民日益增长的美好生活需要的方向发展。

三、激发国有企业活力，坚持多种所有制并举

以公有制为主体、多种所有制经济共同发展的基本经济制度是中国特色社会主义制度的重要支柱，也是社会主义市场经济体制的根基。该制度明确了公有制经济和非公有制经济都是社会主义市场经济的重要组成部分，也都是我国经济社会发展的重要基础。我国的社会主义性质决定了公有制经济在国民经济中起主导作用，非公有制经济也是国民经济的重要组成部分，因此要注重发挥各种不同性质的经济体的作用，坚持多种所有制并举，具体来说，要注重以下两点。

第一，要加快国有企业改革，激发国有企业活力。因为公有制经济是全体人民的宝贵财富，具有明确的公共属性。国有企业的改革和发展不仅关系到中国经济的命脉，而且直接影响共同富裕建设的进程。一是要加快国有企业股权改革，激发国有企业活力，保障国有经济的公有属性。积极推进产权多元化、投资主体多元化改革，在遵循市场规律的基础上，引入不同的

产权主体、投资主体、利益主体,进一步优化国有企业股权结构,激发国有企业活力。同时,注重根据企业定位差异进行分层分类推进。二是深化垄断行业国有企业改革,推进国有企业体制机制创新。从国内外改革的成功经验来看,放宽准入门槛,打破行业垄断,促进有效竞争,引入多元投资,加强国有资产监管是垄断行业改革的重要内容和改革方向。因此,要注重引入市场竞争机制,打破行业垄断地位,改善垄断行业资源配置方式,提高资源配置效率,推动垄断行业与其他行业协调发展,使垄断行业改革和发展成果更好地惠及国民经济中的其他产业和广大人民群众。三是进一步优化国有经济结构。继续促进国有资本向关系国家安全和国民经济命脉的重要行业与领域集中,向私人资本无力或不愿进入的行业集中,向不能或不具备竞争机制的垄断行业集中,更好地发挥国有经济基础保障作用,防止公共领域被商业垄断,防止外国资本威胁国家经济安全。同时,推动国有经济通过股权投资渗透到其他所有制企业,提高国有资产的资本利用效率,积极推进在非关键领域吸收民间资本,实现产权多元化,形成国有企业与民营企业相互融合的良好局面。四是改革与完善国有资产管理体制。扩大国有资本经营预算的实施范围,健全国有资本经营预算制度,改革国有资本收益分配制度,逐步提高国有资本的利用效率,确保国有资产健康安全、保值增值。要编制权力清单、责任清单和负面清单,确保国有资产安全。完善国有企业产权制度,把本应赋予企业的权力全部交给企业,把本应赋予董事会的权力全部交给董事会,使出资人的职责得以落实,权限得以保障。

第二,坚持鼓励非公有制经济发展。习近平同志在中国共产党第十九次全国代表大会上的报告指出,要"全面实施市场准入负面清单制度,清理废除妨碍统一市场和公平竞争的各种规定和做法,支持民营企业发展,激发各类市场主体活力"。这为促进我国非公有制经济发展指明了方向。一是进一步放宽民间资本市场准入门槛。积极实施开放的市场准入政策,降低市场准入标准,消除隐患,打破行业垄断。鼓励民间资本进入任何法律法规未明确禁止的行业或领域,扩大对外开放的领域和深度,放宽金融、交通、文化、体育、通信、运输等服务业领域投资的门槛。二是优化非公有制经济发展的制度环境。政府要尊重和保护个人自由,在市场经济条件下,通过制度安排和政策实施,给予民营经济更多的自由发展空间,让民营经济享有更多自由经营的权利和合法产权。积极推进结构性减税措施,清理乱收费现象,积极为中小企业减免税收,降低民营企业的"税收痛苦指数"。继续完善民间投资健康发展的配套措施和实施细则,为各类民营企业发展提供优质服务环境。三是积极推进我国混合所有制企业的发展。通过产权转让、资本进入、企业并购等市场行为,促进国有企业与民营企业、外资企业之间的相互融合,以及混合所有制企业之间的相互转化。

四、加大改革开放力度,加强国际贸易

实践证明,改革开放大大促进了社会生产力的提升,显著提高了人民群众的生活水平,进一步完善了社会主义市场经济体制,同时也推动了世界经济的共同繁荣与进步。当前,我们也能够看到,对外开放的外部环境已经发生了显著变化,世界经济下行压力较大,经济复苏进程充满不确定性,逆全球化思潮涌动,与少数发达国家之间的贸易摩擦增加,多边主义体制受到挑战,经济全球化进程落后,世界投资经贸规则面临重构,世界经济和世界经贸体制发生分化。这些新情况、新变化对于我国继续推进改革开放,加快构建全面开放格局,发展更高层次、更加开放的经济新体制,进一步完善社会主义市场经济体制,以及保持我国经济持续快速增长的势头等都带来了极大的挑战。但是我们仍然要清醒地看到,继续推进改革开放,加强国际贸易,对于促进经济高质量增长仍然意义重大,不可动摇。中国的成功发展得益于改革开放,共同富裕建设也离不开改革开放。未来无论外部环境和条件如何变化,我们一定会继续沿着这条路走下去。根据"中国开放之门不封闭,只会做大"的主张,必须紧紧围绕强国的梦想、目标,全面提高对外开放水平,加快形成全面开放的新格局,建立高水平的开放经济新体系,引领中国经济向高质量发展。

第一,要加快形成全方位开放新格局。一是要加快形成陆海内外联动、东西双向互利的开放新格局,不仅东南沿海城市,中、西部地区也要努力推

进,积极吸引外资,参与对外开放进程。不仅要向欧美等发达国家开放,还要向广大发展中国家开放。二是加快开放,倒逼改革。要推动以制造业开放为主向以服务业开放为主的新阶段迈进,发展高水平、开放型经济。继续推进制造业开放,着力提高制造业的核心竞争力,挖掘外贸发展潜力,尽快补齐制造业在核心技术掌握、创新驱动发展和高端制造领域方面的短板,缩小与发达国家制造业之间的差距,促进产业升级。同时,加大服务市场开放力度,提高服务业对外贸易的市场份额。在今后一段时间内,应将数字经济发展作为新的外贸增长点,促进数字技术与国际资本的融合发展,在保持制造业贸易市场份额的基础上,逐步形成在服务贸易、数字经济等领域的新动力。三是要切实打造开放平台,培育自主的大型跨境电子商务平台,特别是出口平台,大力发展国际物流等,释放外贸发展的新动力。积极签署更多自由贸易协定,拓展对外贸易发展空间,继续推进中、日、韩自由贸易,加强与欧洲市场的贸易合作,继续实施中—东盟商务与投资峰会升级行动计划,加快建立面向东盟的金融开放门户,持续推进"一带一路"建设,从而形成更广阔的外部发展市场。四是要深化产能合作,进一步加大"引进来"和"走出去"力度。助推优势产业拓展海外市场,加快边境经济合作区建设,构建跨境产业链、供应链,建设深化双边经贸合作的重大项目,实现更强有力的可持续发展。

第二,要促进双向投资协同发展。加强政府部门的宏观调控,构建有利于公平竞争的法治化、国际化营商环境,进一步制定吸引外资的优惠条件,并积极推进从政策性优惠开放模式向公平开放、自发开放、双向开放模式转变。积极参与全球经济治理活动,顺应投资贸易便利化、自由化、法治化趋势,在新的全球经济治理体系中增强中国的话语权和影响力。一是进一步深化对外贸易体制机制改革,全面实施高层次制度型开放政策,对标国际开放标准构建高层次、市场化的对外贸易管理体系,协调好贸易政策与产业政策之间的相互关系,促进两者协调一致。降低进出口环节的税收,优化进出口税率结构,减少进出口贸易的经济阻碍。加强国际交流,减少贸易摩擦以及贸易摩擦带来的损失。做好对外贸易的风险评估和应急措施,全面提高企业应对贸易摩擦的适应性。二是进一步放宽服务业市场准入门槛,促进金融、医疗、文化、养老、教育、互联网等服务业有序开放、安全开放,积极鼓励服务业向外输出,促进服务业的内外交流、双向提升。三是加快推进服务贸易新业态和贸易创新试点。支持和鼓励企业建立海内外营销网络,促进国内外市场的衔接和融合。大力发展高新技术产业,推动高新技术服务出口。推动大数据、人工智能等高新技术在对外贸易中的应用,全面提升贸易便利化、数字化水平。注重外贸人员规则意识、标准意识的培养,建立适应国际高标准贸易规则的贸易促进体系。四是坚持双向开放。推动外贸企业着力提高产品质量、技术服务、品牌形象,不断提高产品附加值。既要支持和引导培育外贸竞争新优势,鼓励企业开拓国际市场,又要积极扩大进口、吸引外资,促进进出口市场的多元化和平衡发展。

企业规模、产权性质、业务特性存在着诸多差异,这也决定了不同类型企业在市场中的功能定位、竞争地位会有所不同。市场的多样性意味着各类企业都有自己的独特价值和重要作用,比如中小企业、民营企业在解决就业、促进共同富裕方面发挥了不可取代的重要作用。一个完善、成熟的市场一定是各类市场主体公平竞争、协调发展的市场。从这个角度来看,大量充满活力、丰富多样的市场主体是我国现代化经济体系的基础。各市场主体协调发展是培育和扩大中等收入群体、稳步推进共同富裕的必然要求。因此,在共同富裕背景下,要坚持和完善社会主义基本经济制度,激发各类市场主体的活力。努力培育更有活力、更加丰富的市场主体是我国推动经济发展、实现经济现代化的必然要求。要继续坚持改革开放的基本原则,加大改革开放力度,着眼于促进更大范围、更广领域、更深层次的全面开放,构建以国内大循环为主、国内国际双循环互动促进的新格局。建立健全对外开放的体制机制,搭建更多的开放平台,制定更多开放的优惠措施,吸引更多外国人来中国经商,鼓励更多中国商人向外拓展。在共同富裕的背景下,还需要特别强调不同所有制性质的企业都应把履行企业社会责任放在更重要的位置。

第五章
社会组织在共同富裕建设中的功能定位

由于政府失灵和市场失灵的存在,现代社会不可避免地出现了一些政府和市场都无法有效解决的新问题与新需求。于是新兴的社会力量——社会组织顺势而生,成为介于政府和市场主体之间的中坚力量,也渗透到文化、教育、社会服务、医疗保健、休闲娱乐、扶贫、就业、环保等多方面,与市场、政府协调互补,共同满足人民日益增长的美好生活需要,促进经济和社会健康、快速发展,成为我国共同富裕建设的重要力量。

第一节　社会组织基础知识

一、社会组织的内涵及分类

(一)社会组织的内涵与特征

20世纪70年代以来,伴随着各国行政改革的浪潮,社会组织作为一种能够有效弥补政府失灵和市场失灵的组织形态,在欧美等发达国家中蓬勃发展,影响力日益提升,在社会治理、公民生活中发挥着重要的作用,并渗透到社会生活的方方面面,成为政府和企业以外的第三类主要的组织形态,与政府、企业一起,共同参与社会治理,促进经济和社会健康、快速发展。社会组织具有以下显著特征。

1. 正式性

和企业一样,社会组织是按照法定程序注册的规范化组织,具有特定使命和宗旨以及明确的组织发展目标,并以目标为中心组织开展活动。社会组织的结构和运行过程也都有明确的章程加以规范,包括领导人选举、人力资源管理、志愿者招募、会员管理、决策制定、对外关系等都有明确规定。非正式、随意的聚会形式和非法、"地下"的社会组织并非真正意义上的社会组织。

2. 非营利性

非营利性是社会组织最基本的特征之一,这是由社会组织的公益性特点决定的。尽管社会组织可以像营利组织一样依法开展经营活动并获得相应收益,但其不能像营利企业那样把追求利益最大化作为组织经营目标,经营收益也不能用于组织成员和其他利益相关者分配,只能用于组织的发展和符合组织宗旨的公益事业。

3. 非政府性

非政府性是指社会组织与政府组织之间有着本质区别,它既不是政府的附属机构,也不是政府职能体系中的一部分,同时也不像政府部门那样具有明显的强制性和服务对象的非选择性特征。尽管一些社会组织能参与政治过程,影响政策行为,但它本身不是政府组织,也不是为了寻求政府职位,其主张和看法也不能代表政府的立场。同样,社会组织作为独立的组织,其决策和行为理论上也不受政府行政支配。

4. 公益性

公益性是由社会组织的活动目标和价值取向决定的,社会组织的活动不仅仅是为组织成员、特定会员服务,还要积极向社会提供公共服务,为特定的群体谋利益,促进社会公益。从社会组织提供公共服务的性质来看,不管是公益性还是互利性社会组织,都是具有明显利他性的组织,互利性也可以视作较低程度的公益性。社会组织依法主动开展公益活动,不仅可以提高社会公益服务的数量和质量,也可以极大地促进国家公益事业的长效发展。

5. 志愿性

志愿性是指社会成员加入或退出某一社会组织的行为选择不是强制性

的,而是出于其自愿选择和理性考虑的结果。志愿性也是社会组织实现互利或公益目的的前提,它激励组织成员或会员以利他主义和奉献精神为价值取向,积极、真诚、自觉自愿地为社会提供公益服务。志愿精神是社会组织最宝贵的无形资产和精神资源。

6. 自治性

自治性是指社会组织独立于政府和企业,本身是一个独立的组织形态,其自我约束、自我管理、自负盈亏、自我成长,在进行判断、决策和行动时不受任何个体和组织的干涉。社会组织所作出的决策和行为是具有明确意识、自由选择的结果,不像政府组织那样受到普遍、均等原则的制约,其可以依法自主、灵活地调整组织的活动内容、范围和服务对象,向特定群体提供公益服务。

(二)社会组织类型

根据社会组织性质,可分为社会团体、民办非企业单位和基金会。

第一,社会团体。它是由公民或企事业单位自发组成,按章程开展活动的社会组织,包括行业性、学术性、专业性、联合性社团。

第二,民办非企业单位。企事业单位、社会团体和其他社会力量,以及公民个人利用非国有资产举办并从事社会服务活动的社会组织,包括教育、卫生、科技、文化、劳动、民政、体育、中介服务、法律服务等多种类型。

第三,基金会。利用捐赠财产从事公益事业的社会组织,包括公募财团和非公募财团。

根据社会组织服务的对象不同,可分为互惠型社会组织和公益型社会组织。

第一,互惠型社会组织一般由一些兴趣相同或有共同需求的人群组成,组织服务对象一般仅限于组织内部成员,组织的公益程度相对较低,但仍然有明显的利他性,比如各种行业协会、地方商会、社区体育俱乐部等。

第二,公益型社会组织是指致力于向全社会某些弱势群体或者需要帮助的对象提供公共物品的社会组织,组织的公益程度高,国家也会给予较大的税收优惠,如中国红十字基金会。

根据社会组织的法律地位,可分为法定社会组织、草根社会组织和转型中的社会组织。

第一,法定社会组织是指经政府批准并在民政部登记,具有严格组织合法性的社会组织。此类组织主要有根据《社会团体注册管理条例》《注册管理暂行条例》《基金会管理条例》注册的社会团体、民办非企业单位和基金会三种。

第二,草根社会组织是指民间自发成立的,没有在民政部正式注册与备案的组织,这类组织不具有政府认可的合法地位但公益性突出,往往附属于某个单位,但没有独立的法人地位。

第三,转型中的社会组织是我国特有的类型,诸如村委会、居委会、业主委员会等社区自治组织,它们往往依附政府部门,受政府部门的直接管辖,但本身又不属于政府职能部门,具有一定的社会组织的潜在特性,并且正在向社会组织转型。

根据社会组织的形成方式,可分为自下而上型社会组织和自上而下型社会组织。

第一,自下而上型社会组织是指由民间人士组织建立并开展活动的社会组织,是公民有组织地参与社会管理的产物。它们随着市场经济的发展和社会化、民主化进程的推进而发展,通过自下而上的渠道获取资金、信息、志愿者等主要资源,活动领域广泛,活动方式多样,自主性和自由性明显。

第二,自上而下型社会组织是由政府支持设立、培养试点的社会组织,组织运作资金和社会资源都直接或间接来自政府,是政府改革和政府职能社会化的产物。这类组织在很大程度上受到政府的控制。

二、社会组织发展历史

(一)国外社会组织发展历史

现代社会组织的雏形源于17世纪的欧洲,是伴随着产业革命发展带来的社会巨变而产生的。从欧美等发达国家社会组织的发展历程来看,社会组织的发展大致可以分为以下几个阶段。

1. 萌芽阶段(17世纪至第一次世界大战前)

17世纪的产业革命加速了生产力的发展并带来了生产关系的巨变,资本主义社会开始分化,新兴的资产阶级开始走向历史的舞台,并扮演着越来越重要的角色。新兴的资产阶级在寻求经济自由、政治话语权的过程中,想要获得同盟和支持的意愿越来越强烈。与此同时,因产业革命而形成的失地农民和被压榨的产业工人也频繁开展社会运动以表达政治诉求、维护自身权益,各种自发的维权组织逐步建立起来。这些与政治利益相关的,代表权利、民主、自由等价值追求的组织成为社会组织的原始形态。随着资本主义工业化的推进,生产力迅猛发展,公民参与社会治理的意愿和期望也不断提高,欧洲出现了许多以反对社会不公和扶弱济贫为宗旨的宗教、慈善团体,比如世界福音联合会、基督教青年协会世界联盟、国际红十字会等。与此同时,为了应对全球环境压力和生态危机,诸如大英帝国野生动物保护协会、纽约动物学会、美国生态协会等的环保组织也开始兴起。

2. 成长阶段(第一次世界大战和第二次世界大战之间)

两次世界大战使大量人民流离失所,饱受战火摧残。一些民间的互助组织积极参与社会救助,引起了学者和社会的关注。但这一时期,政府还没有给予社会组织足够的重视。20世纪初,席卷欧洲的资本主义国家的经济危机爆发,大量工人失业,西方国家开始将社会保障纳入政府职责范围。这无形中限制了社会组织在公益事业中的活动范围。但社会组织的影响力已经日渐增强,并受到国际联盟的重视。社会组织以非正式组织的形态在妇女和儿童人权保护、商业、卫生等有限领域与国际联盟合作。许多重要的国际社会组织也陆续成立。例如,现在英国最大的国家社会组织之一的"紧急儿童救助基金"就是在第一次世界大战结束后为拯救被战火摧残的儿童而产生的。世界上最大的以儿童为中心的发展组织之一——"国际计划"是在1937年由英国记者牵头成立的。

3. 发展阶段(第二次世界大战以后)

第二次世界大战以后,欧美等主要资本国家进入全面复兴经济的阶段。

随着全球化的深入和国家间交往的密切，始于20世纪70年代的全球社团革命逐渐兴起，社会组织数量迅速增加，活动的内容和领域越来越广泛，国内外的影响力越来越大，并取得了一定的话语权。1945年，一些国际社会组织获得了联合国经济及社会理事会的咨询地位，拥有了一定程度的话语权。从20世纪80年代开始，国际社会组织以特定的方式参与政治活动，协助解决单个国家自身力量无法解决的争端。80年代中期以来，社会组织又开始介入促进发展中国家发展的领域，成为发达国家支持发展中国家的联系纽带。社会组织逐渐成为世界公共事务和国家决策不可替代的力量，也成了政府的重要合作伙伴。它们不仅在经济社会、社会救助等领域取得了相当丰硕的成果，而且在体育、教育、科技、人权维护、环境保护、文化发掘和保护等领域也发挥着日益重要的作用。

（二）中国社会组织发展历史

中国现代意义上的社会组织雏形主要源于清朝末期。在中国历史上最为黑暗的历史时期，面对内忧外患的社会局面，社会上出现了许多致力于政治变革、学术交流、慈善活动等方面的社会组织，特别是在洋务运动以后，社会组织的发展一度达到了高峰。到了民国时期，在新思潮的影响下，工会、青年团等新的社会团体和组织层出不穷。现代社会组织在中国的发展主要还是在中华人民共和国成立以后，它的发展历程主要可以分为以下三个阶段。

1. 初期发展阶段（1949—1978年）

中华人民共和国成立之初，百废待兴，百业待举。在国家和社会重建过程中，社会组织也经历着广泛而深刻的变化。《中国人民政治协商会议共同纲领》原则上肯定了公民的结社权，但当时政府为了集中力量恢复和发展国民经济，确保社会稳定，对人们的社会生活进行了全面干预和控制，社会组织被大面积取缔或改造。政府根据法律法规的相关规定，对不同价值取向的社会组织采取了不同的管理措施。诸如中国民主同盟、九三学社等政治立场正确、社会影响力较大的社团被确立为中国共产党领导下的民主党派，与中国共产党一起共建新中国。许多具有封建性质、宗教色彩或者反革命性质的社会组织被依法取缔,湮灭在历史长河中。1950 年,国家颁布了《社会团体登记暂行办法》,对社会组织的管理开始规范化,该办法也成为社会组织管理的主要政策依据。随后,中国的社会组织有了很大的发展,涌现了许多政府领导的、具有社会主义性质的新兴社会团体。据统计,全国性社团由新中国成立初期仅有的 44 个增加到 1965 年的近 100 个,同年,地方性社团发展到 6000 多个。但随着"三反""五反""反右"运动的开展,政治运动占据了人们的主要生活,社会组织的发展也受到了阻碍,特别是 1966 年至 1976 年间,"文革"的开展导致社会动荡不安,社会组织基本停止了社会活动,也没有新的社团成立。这一时期,社会组织的发展基本处于停滞状态。

2. 恢复和调整阶段(1978—1995 年)

1978 年召开的党的十一届三中全会全面纠正了"文革"及"左"倾错误,作出了把党和国家的工作重心转移到经济建设上来以及实行改革开放的历史性决策。中国掀起了改革开放的大潮,政治、经济、社会发展开始步入正轨,各项事业蓬勃发展,为社会组织的复苏奠定了良好的基础。1978 年至 1988 年间,中国社会基本处于平反、反思、探索的阶段,政府对于社会组织的发展和管理采取放任自流的策略,社会组织处于一个相对宽松的发展环境,社会团体逐渐活跃起来。据统计,到 1989 年,全国社团增加到 1600 多个,是 1978 年的 16 倍;地方社团增加到 20 万个,是 1978 年的 33 倍。1989 年,国务院颁布了《社会团体登记管理条例》(该条例已于 1998 年废止),其中规定对社会团体采取双重管理和统一登记管理,社会团体要同时接受主管业务部门和民政部门的双重管辖,因此增速逐渐放缓。直到 1995 年,在北京世界妇女大会的影响下,社会组织的模式和结构开始调整,基金会、行业协会等新兴的社会团体开始出现,社会组织开始步入快速发展阶段。

3. 快速发展阶段(1995 年至今)

从 1995 年至今,社会组织蓬勃发展,并逐步走向正规化、多元化,在政治、经济、教育、文化、环保、扶贫等领域都发挥着重要作用。国家也陆续颁布了《公益事业捐赠法》《民办非企业单位登记管理暂行条例》《基金会管理条例》等相关法律法规,社会组织的管理更加规范,规模以惊人的速度增长。据统计:截至 1998 年底,中国共有全国性社团 1800 多个,地方性社团 16.56 万个;到了 2008 年底,中国社会组织数量达到 41.4 万个,同比增长 7.0%。① 伴随着规模的增长,社会组织的活动领域和范围也不断扩大,并渗透到社会生活的方方面面,在众多领域都能看到社会组织的活跃身影。汶川地震、北京奥运会等都向人们展示了社会组织的巨大潜力。社会组织不断探索与政府合作,参与公共服务,并将公众的需求及时反馈给政府,为政府部门提供决策咨询等,社会组织已进入快速发展阶段。近年来,社会组织不仅数量不断增加,而且呈现出由重数量发展向重质量发展转变的态势。2021 年《中国民政统计年鉴》显示,截至 2020 年底,全国社会组织总量为 89.4162 万个,比 2019 年增加 2.7827 个,增长 3.21%。社会组织夯实了中国共产党执政的群众基础,激发了社会活力,在社会治理、脱贫攻坚等方面发挥了不可替代的作用。

第二节　社会组织在共同富裕建设中的作用与角色定位

一、社会组织在共同富裕建设中的作用

(一)维护社会稳定,促进社会公平

保障社会公平是共同富裕的内在要求和主要特征。以公益为主要活动目的和价值取向的社会组织能够充分吸纳、利用社会闲散资金用于慈善与公益活动,并能吸纳更多有志之士发挥志愿精神,从事公益性的志愿服务,实施社会救助,扶危济困,帮助弱势群体,促进社会公平正义。特别是一些

---

① 数据来源于《一九九八年民政事业发展统计公报》和《2008 年民政事业发展统计公报》。

纯公益类的社会组织,通过接受社会捐赠的形式,使一定的社会财富从富人向穷人流动。随着社会组织影响力的提升,其开展的慈善活动越来越被社会所认可,诞生了诸如"希望工程""天使工程"等一大批扶危济困的知名公益品牌。全国慈善信息公开平台显示,截至 2020 年底,登记注册的慈善组织总量达到 10310 个,较 2015 年慈善组织总量增长了 4846 个,增幅为 88.69%,平均每年增长 969 个。《2020 年民政事业发展统计公报》显示,2020 年各类慈善社会组织接收捐赠数额约为 1059.1 亿元,较 2019 年上升了 185.9 亿元,增幅为 21.3%。社会组织作为一个重要的组织形式,有效地引起了社会各界对于弱势群体生存状态的关注,为帮扶对象搭建了更多政府、企业、新闻媒体以及社会大众之间沟通交流的平台,激发了社会各界参与公益活动的积极性,加大了对弱势群体的帮扶,增加了他们获得与其他群体同等的发展机会的可能性,客观上维护了社会的稳定,促进了社会的公平正义。同时,从收入分配的角度来看,社会组织按照自愿原则,以志愿服务、社会捐赠、社会救助、慈善活动等不同形式参与社会救助,在市场和政府构建的收入分配体系之外,又对社会财富进行了一次调整,有效地弥补了市场和政府机制的疏漏,有助于缩小贫富差距,促进社会公平、公正。

(二)推动政府职能转变,优化公共服务

随着经济和社会的发展,社会管理已经成为政府的主要职能之一。善治已经成为现代政府普遍追求的目标。所谓善治,即通过政府和公民对公共生活的合作管理使公共利益最大化的社会管理过程。带领全国人民实现共同富裕任重道远,政府作为最大的公共部门,必然要发挥主导作用,但由于政府权力过于集中以及精力和资源的有限性,单纯依靠政府的力量难以实现这一伟大目标。同时,松散、无序、没有组织的普通公民也没有足够的能力来制约政府权力,社会组织作为特定群体的利益代表恰好能够及时表达诉求,传递信息,有效制约政府权力,推动政府职能转变。政府也急需一些公益组织来参与社会服务,将部分政府社会服务职能通过委托服务的形式转交给社会组织,为人民群众提供更具有针对性、更加细致的公共服务,共同参与公共事务的管理。社会组织在与政府的合作中互为补充,客观上

促进了社会组织的自我提升和成长,也更好地分担了政府的社会公共服务职能,将政府从大量微观的、具体的事务中解脱出来,为政府职能转变提供了更加广阔的空间。公民通过社会组织自愿地、有意识地、恰当地参与社会公共事务的管理,增强了主人翁意识。社会组织作为公民自发缔结而成的社会主体,为政府和社会大众之间架起了一座社情民意沟通桥梁,它可以通过与政府直接沟通或间接施加影响的方式使政府在制定决策或行使权力时充分考虑不同群体的利益,既提高了政府决策和权力运用的科学性,保障了政策的实施效果,又使政府权力获得了稳定的支持来源,提升了政府的合法性。

(三)弥补市场失灵,助力经济发展

实现共同富裕离不开高度发达的社会主义市场经济,其需要通过发展市场经济提高生产力,实现经济总量的飞跃。但是,市场不是万能的,经营者为追求利润最大化而盲目扩张导致的产能过剩、利润率下降等问题是市场自身无法克服的缺陷。市场本身固有的缺陷如果不能有效调节,它就无法有效地进行资源配置,从而会出现市场失灵的现象,导致周期性的经济衰退或经济危机,表现为公共物品供给不足、市场分配不公、公共资源利用不当、区域经济不协调、竞争失效和市场垄断、外部效应等。与此同时,营利组织往往以利润作为首要目标,在进行市场竞争的过程中,难免会出现各种违规经营、扰乱市场秩序、欺骗消费者的行为,且不一定会被政府察觉,这就催生了一些诸如商会、消费者协会等的行业指导、自律、监督组织。社会组织以行业协会、商会等形式存在,可以有效地促进行业自律、加强行业监督和指导,使各市场主体保持理性,减少了企业之间的恶性竞争和内部冲突,从而能够有效防止企业一味追求利润而导致的产能过剩、恶性竞争等问题,降低出现经济危机的可能性,维护了消费者的权益,使市场经济的优势能够最大程度地发挥,客观上促进了市场的有序运作,使经济稳步增长。由此可见,社会组织具有维护市场经济秩序、净化市场环境的功能和作用,有助于避免市场失灵所产生的不良后果。

（四）促进精神文明，助力生态和谐

精神文明也是共同富裕建设的重要内容。社会组织具有扎根群众、自发聚集等特点，这使其在社会主义精神文明建设等方面具有分布广泛、涉及领域众多、更贴近群众等一系列优势，能够积极发挥引领、带头、示范作用，从而激励更多人发扬公益精神，参与志愿活动，弘扬真善美。《社会组织蓝皮书：中国社会组织报告（2021）》显示，2019年民政部门志愿服务人次为34255人次，社会服务业志愿服务达到16641516人次，较2018年增长55.24%，社会服务业志愿服务时长达到43268929.1小时。社会组织成为吸纳志愿者、开展各类公益活动的主要力量。

促进人与自然和谐相处，实现生态环境之美也是共同富裕建设的重要内容。而一些环境保护类的社会组织已经在这一领域产生了较大的影响。诸如中国绿化基金会、中国自然资源学会、中华环境保护基金会、清华大学绿色协会等国内比较有影响力的环保组织依据自身特点，通过出版书籍、印刷资料、举办讲座、搭建网络平台等方式，积极开展丰富多彩的环境保护主题活动，倡导人们爱护环境，增强人们的环境保护意识，使越来越多的人开始重视环境保护，自发参与保护环境的行动。一些学会、研究会等社会组织通过开展相关学科和技术的研究，积极地推动环境保护技术的发展和应用，推动对现有环境保护类法律法规的完善。社会组织在积极引导公众参与环境保护、维护公共环境等方面起到了重要作用，客观上促进了人与自然的和谐相处。

二、社会组织在共同富裕建设中的角色定位

如第三章、第四章中所述，政府是"赛事"活动中的"主办方""承办方""教练员"，企业是"运动员""教练员""赞助商"，但是，仅靠他们还难以支撑起一场精彩的"赛事"。要办好"赛事"，还需要一些技术支持、新闻媒体、行业协会等第三方支持单位，以及广大无私奉献的志愿者。做好政府的助手，弥补政府和市场之间的空白，为公众提供更多、更优质的志愿服务就成了社会组织的光荣使命。

（一）协办方

协办方就是协助主办方或者承办方完成活动任务的第三方。在大型的赛事活动中，主办方是发起方以及名义上的活动主角，但主办方往往会找一些具有资质与能力的单位作为具体干活的单位，即承办方。在活动规模较大或所需资费较高的情况下，主办方还会拉来一些支持单位，即所谓的协办方。

共同富裕是全体人民的共同富裕，是社会、政治、经济、文化、生态等全方位的发展和进步，是人民富足感、幸福感的普遍、明显提升。因此，倾听民意、关注民生、深入基层、关怀民众，提升基层人民参与民主政治，推进社区治理，成为共同富裕建设的重点内容。社会管理不能完全依靠政府，让社会组织参与社会管理是民主政治的要求。社会组织因其自带的天然属性，自然而然地成为社会治理、社会建设中最具温度的力量，也成了助推基层治理和共同富裕的新力量。社会组织要发挥和承担好社区治理参与者的作用与责任。

第一，做好沟通的桥梁。社会组织是在人们自由结社基础上形成的。不同的人根据自身的利益诉求，在自愿的基础上，通过相互协作缔结形成社会组织，以组织的形式参与社会管理、公益活动和政府决策。其所受到的政治、制度约束较少，也不像营利组织那样侧重于追求利润，还可以代替政府执行某些不便执行或者难以执行的政策，充当政府和群众之间的弹性力量和沟通桥梁，既可以把政府的方针、政策普及到位，也可以将组织代表的群体诉求反映给相关部门，充分体现了人民民主。社会组织研究专家朱莉·费希尔对87个第三世界国家的社会组织的研究表明，发展中国家的社会组织密度与民主程度之间基本呈正比关系。作为政府与群众之间的沟通桥梁，社会组织应及时、合法、有序地表达不同群体的利益诉求，促进社会共识的达成和扩大，使政府决策、社会规则更容易得到社会成员的认同和理解，便于政府扩大有效的制度供给。社会组织应该扮演好"协办方"的角色，帮助政府倾听民情民意，整合群体利益，进而预防和减少社会矛盾的出现。

第二，提高人民参政议政的能力。社会组织的自治、自律等特性有助于培养社会大众的自主意识和自我管理能力,促进公民意识的觉醒。公民通过社会组织开展的各类社区治理活动,使自身的民主参与意识和参政议政能力不断得到提高。社会组织作为一种规范性的自治组织,其所组织开展的活动在法律框架和组织规范下进行,能够以理性精神、恰当行为来实现民主自由权利,避免极端的、非理性的群体行为出现。同时,和个体行动与无政府主义相比,社会组织是个人权利的社会关联和合作强化的结果,它的声音和行为相比个人而言更具影响力。它所倡导的公民有序参与、合理表达等理念也更加符合现代法治精神,可以帮助公民的民主精神、团结与合作精神得到提升,并且能有效提升公民的政治参与程度。

第三,监督与制约政府权力膨胀。社会组织是现代民主发展、社会进步的重要体现,奠定了基层民主的基础,促进了现代民主体系的内外平衡和创新。社会组织作为一种群体利益的表达机制,能够以恰当的形式就本组织所关心的问题向相关政府部门反映并施加影响,通过整合和影响组织成员的价值观与利益表达方式,让特定群体的利益诉求通过理性、合法的途径影响政府决策,促进公民有序参与政治。这不仅畅通了公民诉求的表达渠道,为社会大众提供了恰当的表达形式,还有效地推进了政府决策的民主化和科学化,有助于提升政府的执政水平。

(二)志愿者

共同富裕不只是物质财富总量的增加,也是所能够获得的服务的增加,其中包括公共服务和社会服务。然而,受制于政府规模,政府在提供社会福利、解决社会问题方面必然会难以满足人民多样化的需求,也很难为全社会提供更加全面而又富有针对性的社会救济和社会保障。在经济、社会、教育、科技、卫生乃至政治领域,都存在社会力量进入的空间。国际交流、环境治理、疫情防控、产业革命等方面都需要社会力量的协同和介入,其中,行业协会、商会等社会组织更具有社会责任和参与优势。社会组织要学习如何发现需求,创造产品,注重与政府、企业、群团组织开展合作,广泛发掘自身的发展资源,发挥自身价值。行业协会、商会等更要发挥灵活性、专业性、公益性、效率性和创新性等组织优势,积极弥补市场失灵的缺陷,维护市场经济的健康有序运行，维护商业经营者的整体利益，积极加强监督与自我监督，推进行业自律，避免行业内的恶性竞争和内部冲突，促进行业内部的交流，以及技术、信息等资源的有序流通，以提高市场资源配置的效率，为共同富裕建设提供坚实的物质基础。

第一，开展更多的公益互助活动。当前我国仍然面临着日益突出的人民公共需求的全面、快速增长与公共服务不到位之间的矛盾。《浙江高质量发展建设共同富裕示范区实施方案（2021—2025 年）》中也明确提出，要"率先基本实现人的全生命周期公共服务优质共享，努力成为共建共享品质生活的省域范例。基本公共服务实现均等化，更高水平推进幼有所育、学有所教、劳有所得、病有所医、老有所养、住有所居、弱有所扶。基本建成学前教育、公共卫生、养老照料、体育健身等'15 分钟公共服务圈'，实现城乡区域公共服务更加普惠均等可及"。要实现上述目标，单凭政府不可能完成，需要社会组织吸纳更多的社会力量参与其中，和政府一起及时、恰当地对人们的多元化、个性化的需求进行回应。相对政府组织提供的纯公共物品而言，社会组织扎根社区，组织形式灵活，更接近社区群众，也更了解他们的需求，公益服务的水平和模式更加精细，且服务的成本更低，效率更高。共同富裕建设需要社会组织吸纳更多的社会力量，一起在环境保护、社区服务、扶贫开发、慈善救助等公共服务领域，利用组织成员所拥有的专业知识和组织优势，向全社会提供有针对性和专业化的公益服务。

第二，吸纳社会慈善资金。民政部印发的《"十四五"社会组织发展规划》（以下简称《规划》）显示，截至 2020 年底，全国社会组织固定资产为 4785.5 亿元，吸纳就业 1061.8 万人。各类社会组织广泛参与脱贫攻坚，实施扶贫项目超过 9.2 万个，投入各类资金 1245 亿元；积极参与疫情防控和复工复产，累计接受社会各界捐赠资金约 396.27 亿元、物资约 10.9 亿件。中央财政设立支持社会组织参与社会服务项目，累计投入资金 15.8 亿元，直接受益对象有 1300 多万人次。这一数据充分表明社会组织在吸纳社会慈善资金和就业人员方面具有得天独厚的优势。社会组织要以更高的站位，主动适应、积极参与共同富裕建设，积极发挥自身优势，提升自身专业能力,在公益价值的指导下,以企业家精神创新公共物品,提升资源动员和吸纳能力。

第三节　社会组织公信力调查——以杭州市为例

"公信力"一词的概念出现得较晚,最早源于英文单词"accountability",意指对某一件事情进行报告、解释和辩护的责任,以及为自己的行为负责,并接受质询。无论国内还是国外,对于公信力的研究多与信任相关。汉语词典中,公信力被释义为使公众信任的力量,这一解释尽管简短,但非常直观地揭示了公信力概念的几个要素:公众、信任和力量。也有学者将公信力定义为"对匿名者组成的制度系统的信任"。目前,在学术界应用较为广泛的解释是"公信力是指社会对一个组织的认可及信任程度"。本书认为,社会组织公信力是指社会公众对于社会组织的认可及信任程度,抑或是社会组织在履行使命、服务社会的过程中所具备的为社会公众所认同和信任的能力,也是社会公众对于社会组织的普遍认同感、信任度和满意程度,以及自愿为社会组织奉献的程度。我国社会组织相较发达国家而言,起步晚,发展还比较薄弱,加之历史和体制的原因,存在过度依赖政府、良莠不齐、优劣难辨等问题,在很大程度上影响了其在人民群众心中的公信力,进而影响社会组织社会资源的整合,同时制约着社会组织的进一步发展,也给政府委托社会组织开展公共服务工作的推进带来诸多问题,客观上影响了其在共同富裕建设过程中功能的发挥。基于此,本书结合国内外学者关于社会组织公信力的研究,选取浙江省杭州市的社会组织作为主要研究对象,围绕其在居民心中的公信力展开调查。本次调查在杭州市的各区县随机发放了 920 份问卷,回收 920 份,有效问卷 920 份,并运用 SPSS 软件进行相应的统计与分析。

一、居民对社会组织的了解情况

第一,八成以上杭州居民对社会组织有所了解。我们首先调查了居民对社会组织的了解情况,结果显示:自认为"非常了解"的为 17 人,占1.85%;"比较了解"的为 364 人,占 39.52%;"一般"的为 394 人,占42.78%;"不太了解"的为 141 人,占 15.31%;"毫不了解"的为 5 人,占0.54%(见图 5-1)。从调查结果来看,大部分居民对社会组织有所了解,仅有 0.54%的居民表示对社会组织毫不了解,但从了解程度来看,自认为非常了解的居民也较少,仅占 1.85%。

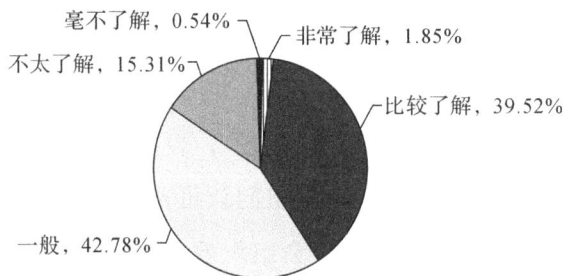

图 5-1　居民对社会组织的了解情况

第二,网络媒体、报纸杂志、电视、广播,以及公交、地铁等户外广告牌是居民了解社会组织的主要渠道。在进一步调查居民了解社会组织的渠道时,我们分别列举了八个选项,即电视广播,网络媒体,报纸杂志,亲友介绍,社会组织官方网站,各类社会组织活动,公交、地铁等户外广告牌以及其他。结果显示:在 920 名被调查者中,有 55.65%的人通过电视广播了解社会组织;75.11%的人通过网络媒体了解;57.72%的人通过报纸杂志了解;17.93%的人通过亲友介绍了解;10.33%的人通过社会组织官方网站了解;7.83%的人通过各类社会组织活动了解;39.78%的人通过公交、地铁等户外广告牌了解(见图 5-2)。从这一结果来看,网络媒体,报纸杂志,电视广播以及公交、地铁等户外广告牌是居民了解社会组织的主要渠道,说明社会组织在主流媒体的宣传上还是付出了一定的努力。但是通过社会组织官方网站、各类社会组织活动以及亲友介绍了解社会组织的人数占比还比较少,也说明社会组织在官方网站建设、活动组织方面还比较薄弱。

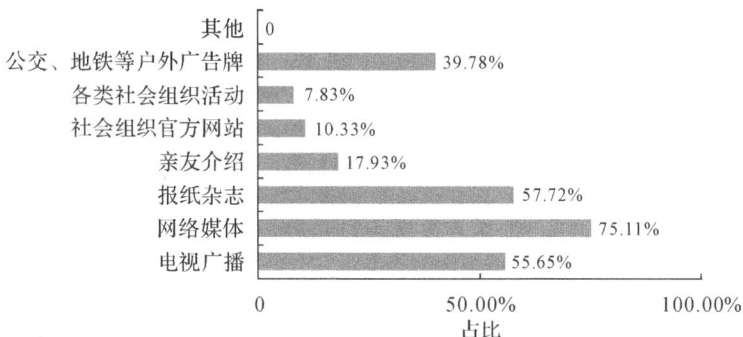

图 5-2　居民了解社会组织的渠道

二、居民对社会组织的满意情况

第一,六成以上居民对社会组织提供的服务或救助比较满意。提升居民对社会组织服务或救助的满意程度是社会组织提升公信力的重要基础。因此,我们专门在问卷中设置了题目以测量居民对社会组织的满意程度。结果显示:受调查者对社会组织的评价为"非常满意"的有 38 人,占比为 4.04%;"比较满意"的有 544 人,占比为 57.87%;"一般"的有 321 人,占比为 34.15%;"不太满意"的有 36 人,占比为 3.83%;"很不满意"的有 1 人,占比为 0.11%(见图 5-3)。这一结果基本与上文中居民对社会组织的了解情况的调查结果一致。不难看出,杭州市居民对社会组织近年来的努力还是比较认可的,但是评价为"非常满意"的比重仍较低,还存在较大的发展空间。

第二,工作效率低和服务水平低是影响居民对社会组织满意程度的最主要因素。为了进一步探寻影响居民满意程度的原因,我们在问卷中又专门设置了"您如果对社会组织还有些不满意,原因是哪些?"等问题。影响居民对社会组织满意程度的原因按照比重从大到小排列,依次是:工作效率低,占比为 69.89%;诚信程度低,占比为 41.09%;"服务水平低",占比为 34.57%;"信息不透明",占比为 31.52%;"管理混乱,难辨好坏",占比为 31.41%;"官方色彩浓厚",占比为 27.72%;"其他",占比为 0.33%(见图

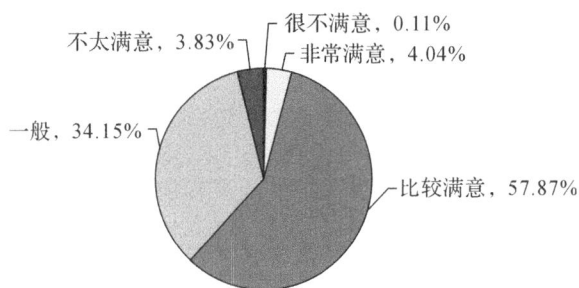

图 5-3   居民对社会组织的满意程度

5-4）。从这一结果可以看出，涉及社会组织专业水平的"工作效率低"和"服务水平低"是影响居民对社会组织满意程度的最主要因素，分别位列第一和第三；除此之外，"诚信程度低""信息不透明""管理混乱，难辨好坏"等涉及社会组织诚信建设、信息公开等管理方面的因素也非常重要，分别位列第二、第四、第五。这说明通过构建社会组织信用体系以推进社会组织诚信自律、信息公开等，对于优化社会组织管理，以及提升社会组织的满意程度和公信力有十分重要的意义。

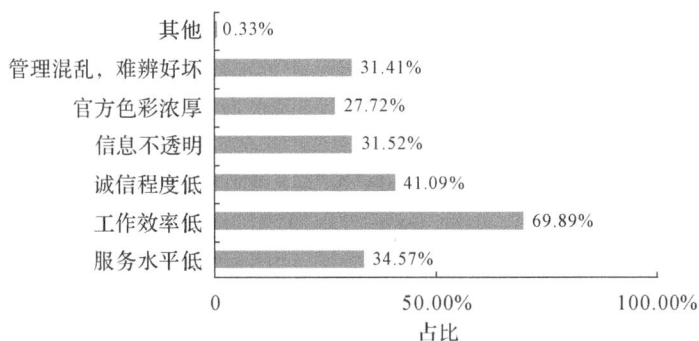

图 5-4   居民对社会组织不满意的主要原因

三、社会组织的公信力情况

第一，七成以上杭州市居民对社会组织的整体印象和公信度评价较高。对社会组织整体印象的好坏直接影响着社会组织在居民中公信力的大小。在调查居民对社会组织的整体印象时，结果显示：对社会组织的印象非常好的受访者占 4.84％；印象比较好的占 66.45％；印象一般的占 27.20％；印象不太好的占 1.51%;印象很不好的为 0(见图 5-5)。这一结果说明,杭州市居民对社会组织的整体印象还是比较好的,这与社会组织扎根社区、服务群众、志愿奉献的原则是分不开的,也是杭州市各类社会组织长期努力的结果。但是我们也看到,对社会组织印象非常好的被调查者占总人数的比例还较低,仅有 4.84%。

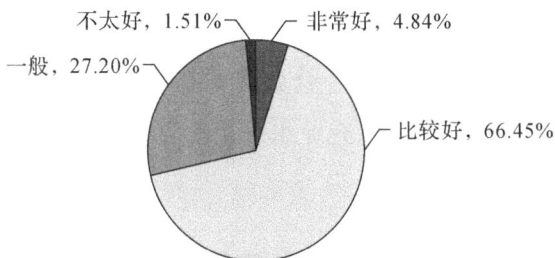

图 5-5　居民对社会组织的整体印象

在"你觉得目前社会组织的公信力状况如何"这一问题的回答上,觉得社会组织的公信力非常好的人占 0.87%,觉得比较好的占 71.08%,觉得一般的占 26.96%,觉得不太好的占 1.09%,无人表示很不好(见图 5-6)。从这一结果来看,杭州市社会组织在居民中的公信力情况整体较好,但仍有很大的发展空间,表示非常好的受调查者占比甚至不到 1%,这一数据低于上文中居民对于其的整体印象(4.84%)和满意程度(4.04%)。

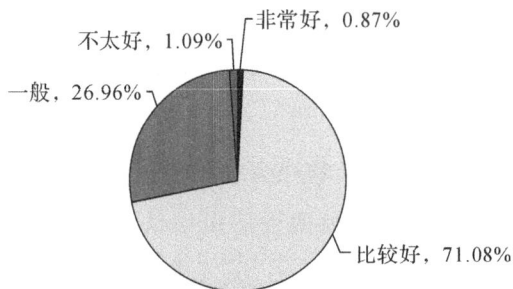

图 5-6　居民对社会组织的公信力评价

第二,居民对社会组织的信赖程度低于政府组织、新闻媒体和企业组织。为了进一步了解居民对社会组织的信赖程度,我们询问了被调查者"当您遇上困难时,更倾向于向哪类组织求助?"这一问题,并设置了政府组织、社会组织、企业组织、新闻媒体、宗教组织、其他等六个选项。结果显示：倾向于向政府组织寻求帮助的占 69.02％；倾向于向社会组织求助的占 29.89％；倾向于向企业组织求助的占 41.19％；倾向于向新闻媒体求助的占 55.00％；倾向于向宗教组织求助的占 2.93％（见图 5-7）。这一结果表明，在遇到困难时，人们首先想到的是寻求政府的帮助，其次是新闻媒体，之后才是企业组织，社会组织和宗教组织排名则相对靠后。这也从侧面验证了我国"强政府、弱社会"的社会形态。社会组织在杭州市居民心中有一定的威望，但是和政府组织、新闻媒体、企业组织相比，仍有很大的差距。

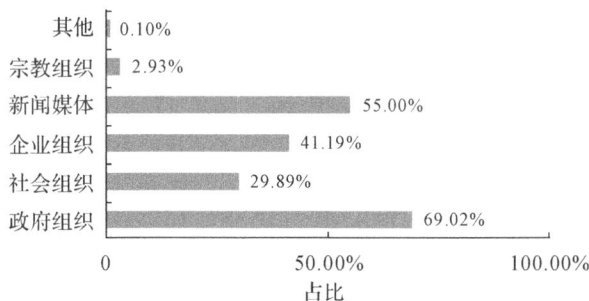

图 5-7　居民对各类机构的信赖情况

　　第三，影响居民对社会组织公信力评价的最关键因素是诚信。在影响居民对社会组织公信力评价的关键因素调查上，按比重从大到小排列，依次是"诚信""合法""使命""效率""评估"，分别占 78.80％、67.50％、66.96％、49.24％和 14.13％（见图 5-8）。这一结果表明，诚信是社会组织取信于民，提高公信力最关键的因素。为了进一步印证这一结论，我们又专门设置了一道单选题，请被调查者选出影响社会组织公信力最关键的一项因素（见图 5-9），可以看出："诚信"依然是被调查居民所认为的最关键的因素，占比为 31.52％；其他依次是"合法"（占比为 28.91％）、"使命"（占比为 22.72％）、"效率"（占比为 13.59％）、"评估"（占比为 3.26％），与前一项调查结果高度一致。这两项调查都告诉我们，社会组织要想赢得居民的信任和支持，就必须诚实守信、合法履职、牢记使命。

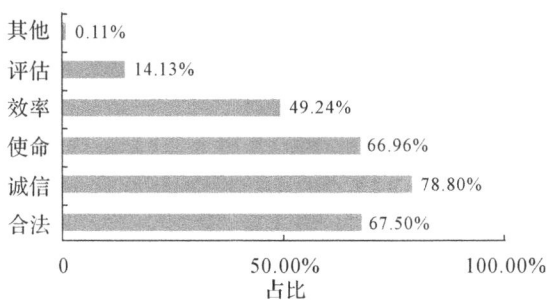

图 5-8　影响社会组织公信力的主要因素

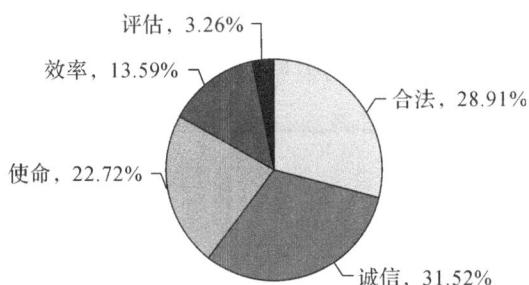

图 5-9　影响社会组织公信力的最关键要素

四、居民愿意为社会组织奉献的程度

　　第一,七成以上居民比较愿意为社会组织奉献自身力量。居民愿意为社会组织做出奉献的程度是社会组织影响力的重要体现。它也是社会组织赖以生存和发展的重要基础。调查结果显示:6.62％的被调查居民表示非常愿意为社会组织提供帮助;69.92％的被调查居民表示比较愿意;22.26％的被调查居民表示一般;仅有 1.20％的被调查居民表示不太愿意;无人表示绝对不会(见图 5-10)。一方面,这反映了杭州市居民对社会组织服务的认可;另一方面,也反映了群众愿意奉献一己之力以促进社会组织发展的愿景。

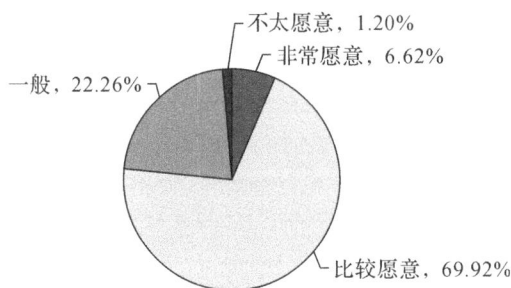

图 5-10   居民愿意为社会组织提供帮助的意愿

第二,捐赠物品、志愿服务、捐赠资金是居民愿意提供的主要帮助。在提供帮助的内容上(见图 5-11),"捐赠物品""提供志愿服务""捐赠资金"是被调查居民最愿意提供的主要帮助,分别占 68.04%、60.87%、55.33%。这说明社会组织在资源整合、资金筹措等方面还是大有可为的。另外,有36.30%的被调查居民表示愿意加入自己感兴趣的协会,并会按时缴纳会费;有 28.91%的被调查居民表示愿意参与其组织的活动;24.02%的被调查居民表示愿意为其免费宣传,仅有 1.85%的被调查居民表示不愿意提供任何帮助。

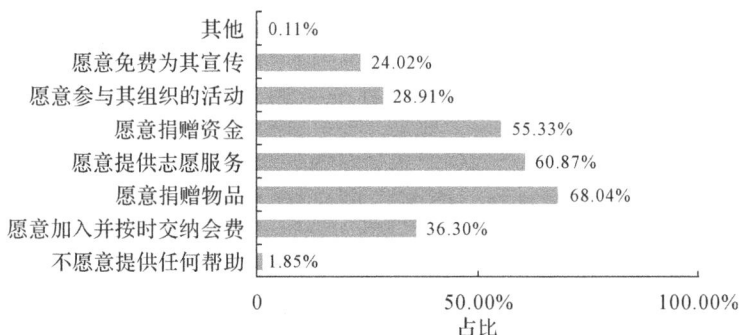

图 5-11   居民愿意为社会组织提供服务的内容

第三,教育事业、抗震救灾、健康医疗是居民最乐意奉献的领域。在选择帮助的社会组织类型上(见图 5-12),杭州市居民也有一定的倾向性。"教育事业""抗震救灾""健康医疗"是被调查者最愿意提供帮助的社会组织类型,分别占 68.48%、62.28%和 58.26%。除此之外,"扶贫组织""行业协会""环境保护""基金会"等社会组织类型也有部分被调查者表示愿意提供帮助,分别占 26.96％、26.09％、18.91％、18.80％。仅有 1.41％的被调查者表示任何一个类型都不会帮助。

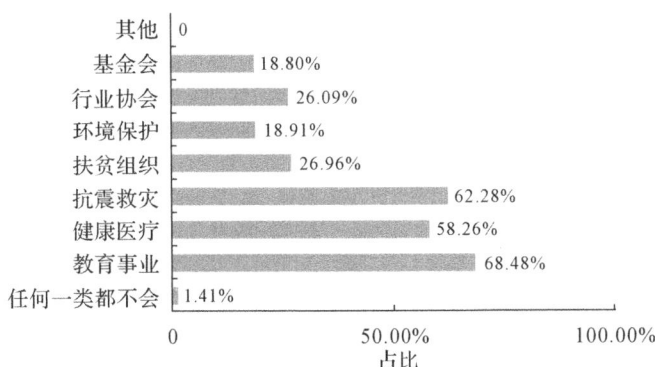

图 5-12　居民愿意提供帮助的社会组织类型

　　第四,社会组织影响力的大小、信息公开的程度、运作效率的高低、信誉的好坏是居民奉献时最看重的四大因素。为了调查具体哪些因素可能会影响居民对社会组织的捐赠或者志愿服务,我们在问卷中专门设置了一道题,即"下列哪些因素可能影响您对社会组织的捐赠或志愿服务"。数据显示:选择"社会组织影响力的大小"的占 80.00％,选择"社会组织信息公开的程度"的占 67.61％,选择"社会组织运作效率的高低"的占 58.48％,选择"社会组织信誉的好坏"的占 41.96％(见图 5-13)。由此可见,社会组织的影响力和社会组织信息公开的程度是居民提供资助或者帮助时最看重的因素。从这里我们也再一次看到了构建社会组织信用体系的必要性。除了上述四项因素,诸如"捐赠(或服务)的用途""社会组织募捐的方式""社会组织的服务内容"等也会影响一部分居民的捐赠意愿,选择上述选项的被调查居民分别占 26.41％、25.43％、16.30％。

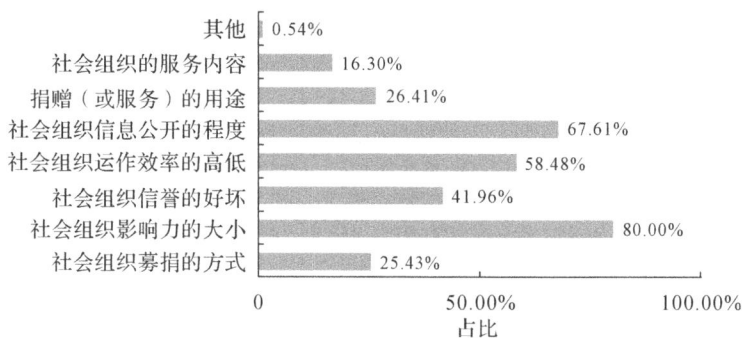

图 5-13　影响居民为社会组织提供捐赠或者帮助的因素

　　为了进一步验证这一结果的真实性,我们又专门设置了一道单选题,请被调查者选出影响个人对社会组织捐赠或志愿服务最重要的因素。调查结果显示:25.25%的被调查者认为是"社会组织影响力的大小",21.35%的被调查者认为是"社会组织信息公开的程度",18.46%的被调查者认为是"社会组织运作效率的高低",13.25%的被调查者认为是"社会组织信誉的好坏"(见图 5-14)。该项调查的结果与上一项调查的结果高度一致。

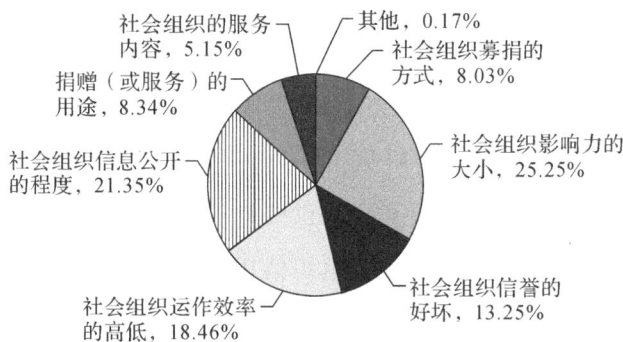

图 5-14　影响居民为社会组织提供捐赠或者帮助的最重要的因素

五、居民对社会组织发展的意见和建议

　　第一,政府重视程度不够,缺少专门的信用、信息平台,社会影响力较小、信息不公开透明是被调查者认为的社会组织在发展过程中所存在的最为突出的问题。

　　对于社会组织发展中存在的问题(见图 5-15),"政府重视程度不够""缺少专门的信用、信息平台""社会影响力较小""信息不公开透明"是被调查者认为的社会组织在发展中所存在的最为突出的问题,分别占 63.70％、52.39％、38.91％、37.93％,这些问题在某种程度上也是影响社会组织公信力提升的主要原因。除此之外,"丑闻事件频出""募捐方式单一,资源整合能力不足""相关法律法规不完备""工作效率低下""缺乏响亮的品牌""组织内部运行效率低下""缺乏专业人才"等也在一定程度上阻碍了社会组织的发展,影响居民对于社会组织发展的信心。

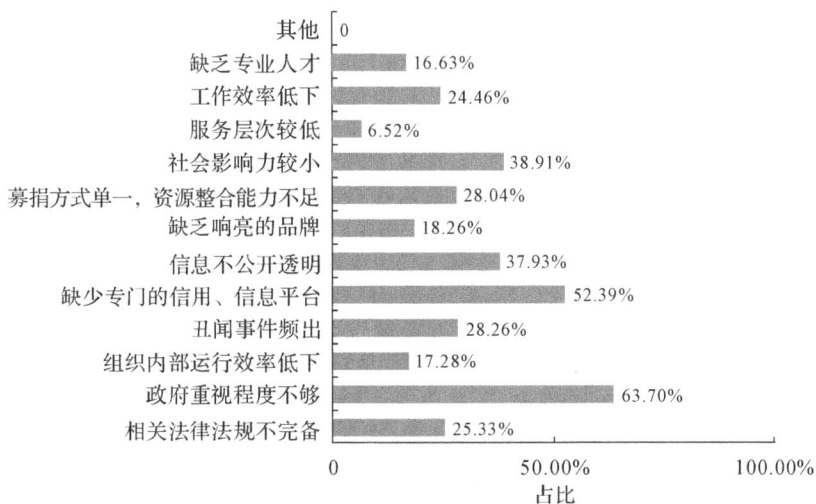

图 5-15　社会组织发展中存在的问题

第二,实行信息公开、提升活动的层次和品质、提高工作效率、提升社会影响力是社会组织的当务之急。对于社会组织未来应该如何发展,"实行信息公开""提升活动的层次和品质""提高工作效率""提升社会影响力"是社会组织的当务之急,分别占 66.30％、50.54％、40.33％ 和 39.89％(见图 5-16)。另外,"摆正和政府的关系""增强自身资源整合能力""诚信经营,保障信誉""引进专业的人才""打造品牌"对于社会组织未来的发展也有着积极的促进作用,分别占 30.65％、30.33％、25.76％、23.37％ 和 13.48％。

第三,构建社会组织信用体系有助于提升社会组织公信力,是否了解社会组织信用情况会影响超过七成居民的捐赠或志愿服务行为,超过九成的居民支持社会组织信息公开。

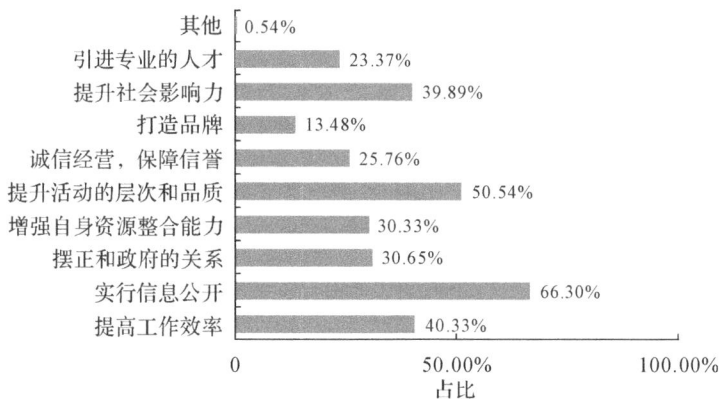

图 5-16 　关于社会组织发展的建议

　　调查结果显示:在信息公开的情况下,6.42%的被调查居民表示肯定会更愿意捐赠或提供志愿服务;67.14%的被调查居民表示可能会;25.02%的被调查居民表示无所谓;仅有1.20%和0.22%的被调查居民表示不太会与绝对不会(见图5-17)。这一结果表明,超过七成的被调查者在了解社会组织信用的情况下可能会更乐意为社会组织发展奉献自身的力量。

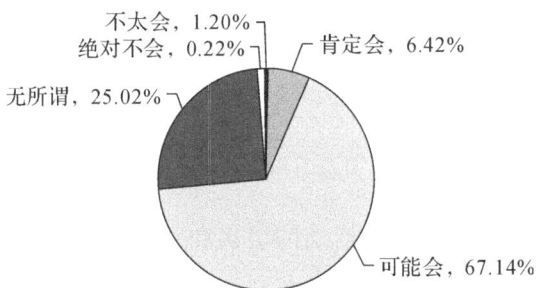

图 5-17 　信息公开情况下,居民向社会组织捐赠或提供服务的意愿

　　而在是否赞同社会组织信息公开的问题上:9.58%的被调查者表示非常赞同;80.40%的被调查者表示比较赞同;9.15%的被调查者表示一般;0.65%的被调查者表示不太赞同;0.22%的被调查者表示毫不赞同(见图5-18)。从这一结果我们可以看出,超过九成的被调查者对于社会组织信息公开是支持的。

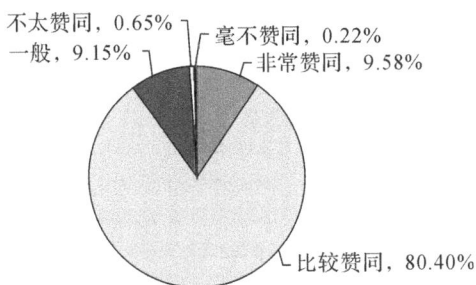

图 5-18　居民对社会组织信息公开的态度

第四,社会组织各项费用使用情况、年度工作计划和总结,受助人信息,以及社会组织信用情况是居民认为最应当公开的主要内容。在具体应当公开的内容上,"社会组织各项费用使用情况""社会组织年度工作计划和总结""受助人信息""社会组织信用情况"是被调查者认为应当公开的主要内容,分别占 79.46%、58.04%、55.76%、40.22%(见图 5-19)。也有部分被调查者认为"社会组织重大活动或决策""社会组织人员工资"也应当公开,这两项分别占 27.39%、23.48%。

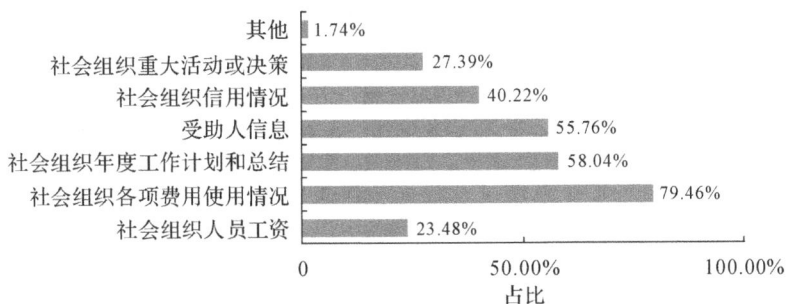

图 5-19　居民认为社会组织应当公开的内容

第五,政府组织作为社会组织的主要管理者和监督者,加强社会组织的管理对于社会组织未来的发展具有重要的意义。在"您认为在社会组织的管理上,政府部门应该如何管理"的调查中,调查结果显示:61.41%的被调查者认为应当加强对社会组织的监管;57.39%的被调查者认为应当建立统一的社会组织信用、信息公开平台;57.17%的被调查者认为应当完善相关法律法规;56.52%的被调查者认为应当制定完备的社会组织信用等级评价体系;52.83%的被调查者认为应当为社会组织的发展提供必要的支持(见

图 5-20）。

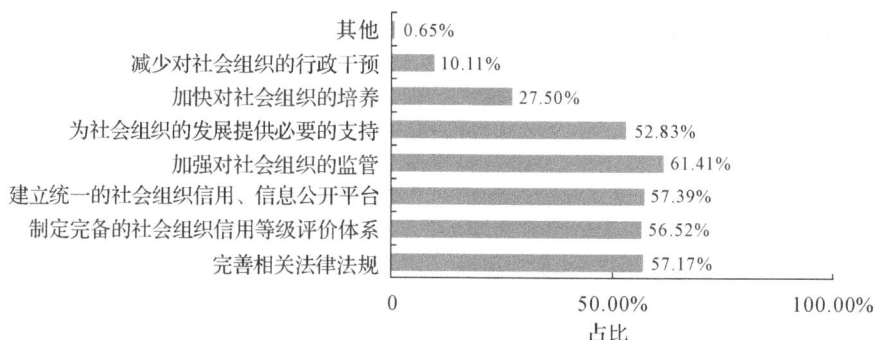

图 5-20　关于加强社会组织管理的建议

第四节　提升社会组织公信力,促进共同富裕全面推进

社会组织的天然特点使其在共同富裕建设中的作用显得极其重要,目前我国社会组织的发展规模和程度尚未适应共同富裕建设的需要,社会组织发展还比较薄弱,在人民群众中的社会公信力还不够高。因此,应着力完善社会组织信用体系,推进社会组织信息公开,提升社会组织公信力,以期在共同富裕建设中发挥更大的作用。

一、构建社会组织信用体系的总体思路

社会组织信用体系是指社会组织征信系统、信用制度及其运行机制构成的整体,包括信用征集、信用评定、信用公开、信用环境等。构建社会组织信用体系可以从组织内外两个方面规范社会组织的行为,督促社会组织履行社会职责,因此可以说是社会组织管理的一种有效方式。社会信用体系建设的总体思路是:以健全社会组织信息公开制度为依托,由各级社会组织主管部门主导,在充分发挥行业协会和市场机制作用的基础上,以建立全面的、专业的社会组织和从业人员的信用信息数据库为支撑,构建信用规范体

系、信用操作体系、信用文化体系、信用服务体系四位一体的社会组织信用
体系,通过对社会组织信用信息的记录、传递和公开,使诚信者获益,失信者
受损,进而约束和规范社会组织及其从业人员的信用行为,强化社会组织诚
信自律,最终达到促进社会组织发展,提升社会组织公信力,推进社会组织
参与社会治理的目的(见图 5-21)。构建社会组织信用体系的实质是针对社
会组织信用缺失而采取的防范、发现并进行处理的一系列流程的汇总。

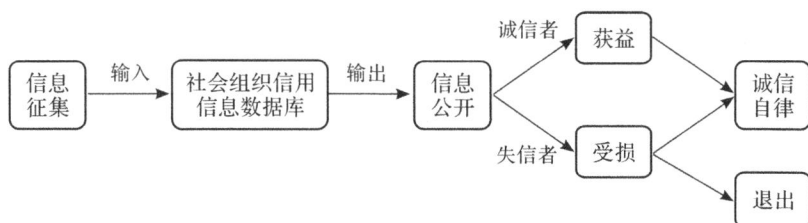

图 5-21　构建社会组织信用体系的基本思路

二、社会组织信用体系的基本内容

社会组织信用体系包括信用文化体系、信用规范体系、信用操作体系和
信用服务体系四大基本内容,具体内容论述如图 5-22 所示。

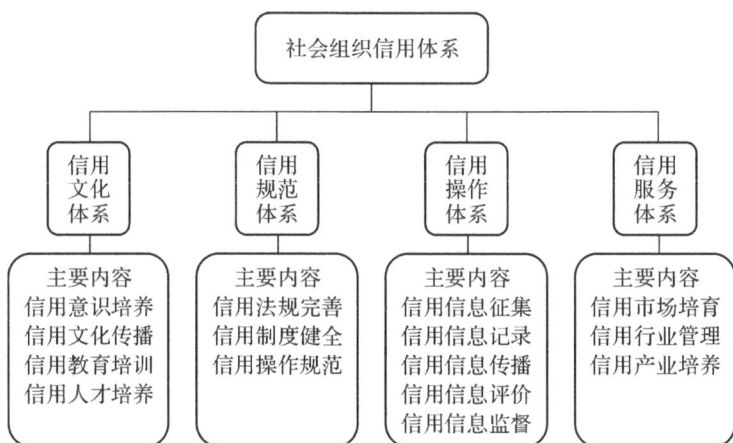

图 5-22　社会组织信用体系的基本内容

（一）信用文化体系

人或组织的行为深受社会文化背景的影响和熏陶。促进社会组织及其从业人员诚信自律首先要从培育社会信用文化、培养人们信用意识做起。因此,构建社会组织信用体系的首要内容就是建立信用文化体系,包括信用意识培养、信用文化传播、信用教育培训和信用人才培养。第一,信用意识培养。加强社会组织及其从业人员的诚信意识教育,使其在思想上牢固树立诚信意识,将诚实守信作为基本的道德准则和行为准则,在各种交易活动中诚信自律,按照相应的规定和标准执行使命、履行职责。第二,信用文化传播。进一步挖掘、更新、丰富中国信用文化,加强中国信用文化的宣传工作,提高社会组织及其从业人员乃至全社会的信用意识,鼓励守信践约行为。组织各类诚信宣传及研讨活动,推广诚信建设成果,树立诚信单位典型,鞭挞失信行为。加强对信用法律法规和信用制度的宣传,促使诚信理念、信用制度深入人心。第三,信用教育培训。政府部门应主动与国内外的学术机构、信用服务机构等合作,针对社会组织从业人员开展形式多样、内涵丰富的各类信用教育培训活动,逐渐形成社会组织行业范围内的信用知识普及和教育培训机制,使社会组织信用管理的相关理念、制度、操作规范等不断普及。鼓励国内外学术界、培训企业编写各类信用知识读本和信用培训教材。第四,信用人才培养。鼓励高等院校开设信用管理专业,在社会工作、社会学等相关专业中开设信用管理课程,培养一大批专业技能过硬、信用知识丰富的社会组织专业人才。加强对信用管理、数据处理、信用评估等相关行业的人才培养,积极开展信用管理师资格认定和培训工作,尽快扩大信用专业人才队伍的规模,建立健全信用人才培养机制。

（二）信用规范体系

社会组织信用管理涉及的利益主体复杂,影响面较广,因此,社会组织信用体系的建立必须在一定的规范约束之下,形成一整套专门的信用规范体系。社会组织信用规范体系应至少包括以下三个方面的内容:第一,完善的信用法规体系。应进一步修改现行法律法规中与社会组织信用管理体系建设相关的内容,包括《民法》《档案法》《保密法》《担保法》等,在现有法律法规体系中进一步明确信用体系运行过程中涉及的信用数据传播、权益保护、惩罚措施等内容,确保信用关系中主体权益不受侵害。同时,应尽快制定社会信用信息基本法,防止政出多门、各行其是,确保社会组织信用体系的建立与运行有法可依。第二,完整的信用管理制度。制定《信用信息公开条例》《信用和信用行业管理办法》《信用行业从业守则》《信用信息经营管理办法》等规章制度,明确政府部门、金融机构、征信企业、社会组织等相关信用主体的职责与权限、权利和义务,明确信用信息操作的规范和程序等。第三,严格的信用操作规范。在信用征集、处理及传播的过程中,应制定严格、细致的行业规则和操作规程,严格规范涉及信用信息记录、使用和评估活动的组织机构行为,确保社会组织信用体系运行合法、规范,在记录和共享信用信息的同时确保社会组织秘密和个人隐私权不被侵犯。对于信用数据的征集、传播、评价等一系列程序要在严格的监管下进行,形成政府、新闻媒体、行业等全社会共同监督的机制。

(三)信用操作体系

社会组织信用操作体系(见图 5-23)是针对社会组织信用缺失而采取的防范、发现并进行处理的一系列流程的汇总,包括社会组织信用征集、信用记录、信用评价、信用传播、信用监督。

第一,信息征集机制。社会组织信用征集主要是社会组织信用信息的征集、审核、筛选和整理。这是整个信用体系建设的核心环节之一,强调数据来源的真实性和权威性。数据可以从工商行政管理系统、司法系统、以银行为主的金融机构系统、购买社会组织服务的部门(或个人),以及民政部门社会组织登记、年审信息等政府和金融系统获取,也可以从各种专业数据库系统、社会组织行业协会等获取。搜集的数据应经由政府主管部门、行业协会(商会)或第三方信用评价机构按照严格的标准进行审核、筛选和整理。

第二,信息记录机制。信息公开应当以政府主管部门牵头建立的社会组织信用信息库为依托,委托专业的企事业单位管理,并对有关信用信息进行及时更新或撤销。公开的范围也应符合法律的规范,通常要有组织名称、

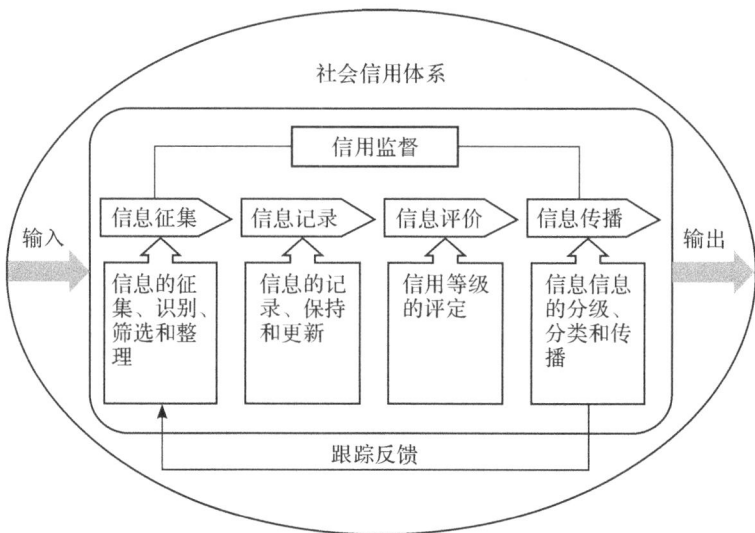

图 5-23   构建社会组织信用操作体系基本思路

经营范围、主营业务、法人信息等基本信息，也可以有组织资产情况、营利情况、资金流动情况、组织履约情况、组织违约记录和原因、组织信用等级评价，以及是否存在法律纠纷、客户投诉处理情况等。信息公开的内容既要保障公众的知情权，又要保障社会组织的正常权益不受侵害，特别是负面记录的公开一定要以民政、司法、公安等权威部门的认证为准。要设置申诉机制，畅通信用主体申诉的渠道，设定信息纪录保持的期限，以免使社会组织的正当权益受损。

第三，信息评价机制。结合各类社会组织年审、社会服务、委托人评价、社会贡献等因素，由民政部门或民政部门委托的第三方机构每年组织信用等级评定，信用评价等级可不向全社会公开，但社会组织可以自行查阅，在劝募、参与重大社会活动时自行选择是否作为公开材料。

第四，信息传播机制。为保护社会组织及其从业人员的正当权益，防止信用信息被误用、滥用，应当对信用信息的传播内容、方式和途径予以严格的规定。信息传播的范围应根据信息的内容分成全社会公开、指定范围公开、仅限组织（个人）自查等多个层次和等级，如重大失信行为可向全社会公开，组织的守信情况、信用等级等可以在政府部门、行业协会、相关企事业单位范围内公开,而资金流动情况等涉及组织秘密的信息则应仅限组织自查。

第五,信息监督机制。信用信息对社会组织未来的发展至关重要,因此,社会组织的信用信息征集、记录、传播和评定等一系列程序应当在法律法规的框架下进行,整个过程要翔实、规范、透明,要在严密的监督下进行,允许社会组织对操作不当的信用服务公司或者部门进行追偿。

（四）信用服务体系

社会组织信用体系的构建需要对一系列信息数据进行征集、分析、评价等,涉及的企事业单位较多,牵涉范围较广,操作过程中对信息处理的专业性、技术性要求较强,仅靠政府部门难以很好地进行,因此,要在政府部门主管、牵头的情况下,采取市场化的运作方式,鼓励民间资本充分介入,大力培养、发展信用服务业,构建社会组织信用服务体系,以更快、更好地促进社会组织诚信建设。第一,信用市场培养。市场需求是任何产业发展都需要的原动力,也是构建社会组织信用体系的重要目的和原始动力。政府部门应将社会组织信用评价作为购买公共服务、社会组织考核的重要参考指标,引导各类企事业单位将信用评价作为其与社会组织合作的重要衡量因素,以此来激发信用市场需求。同时,在合理界定商品化信息和保密信息的基础上,在法律规定的框架下,允许信息服务企业将商品化信息作为商品经营,并以此谋取利益。第二,信用行业管理。在构建社会组织信用体系的过程中,要充分发挥信用服务行业、社会组织等行业协会的作用,让行业协会充分参与到信息的征集、识别、传播、评价、监督和宣传教育活动中来,以提高信用体系的运作效率,增强行业自律能力,净化行业自身的信用环境。第三,信用产业培养。大力发展信用管理咨询产业,为社会组织信用体系的运行提供相关的咨询、培训及信息化服务。同时培养信用保理、信用担保、坏账追收等相关信用服务产业,以促进信用市场的繁荣,提高信用服务水平。

三、构建社会组织信用体系的具体措施

从国外较为成功的社会信用体系运作模式来看,有以美国为代表的民营市场化模式,有以欧洲为代表的以中央银行为主的运作模式,也有以日本

为代表的以行业协会管理为主的会员制模式，虽然有很多成功的经验可以为社会组织信用体系的构建提供借鉴，但无法完全复制和照搬。我国的历史文化、社会制度、经济发展程度决定了社会组织的构建必须走一条以政府为主导并与市场化运作相结合的路径。而在当前我国市场经济尚未成熟的条件下，政府部门更要主动出击，从组织、思想、制度、技术、资金等方面全面保障社会组织信用体系的构建和实施。

从全国范围来看，构建社会组织信用体系工程浩大，不可控因素较多，可以采取分步走的战略进行。可以选择经济发达、政务水平较高的城市作为试点，率先建立社会组织信用体系，在此基础上，总结经验、教训，将社会组织信用体系的应用范围进一步推广到全国，并逐渐应用到其他领域，从而为在全国范围内构建社会信用体系做出贡献。

（一）成立专门的实施机构

构建社会组织信用体系是一项非常复杂的系统工程，需要动员的资源和协调的组织较多，必须成立一个专门的组织来牵头运作，这个组织不仅需要较强的协调能力、资源动员能力，还要有较高的权威性和影响力，以免公众对信用体系本身的真实性和权威性产生怀疑。目前我国只有政府才有这样强大的调控能力和协调能力，也只有政府部门才具有这样的权威性和影响力，因此，要构建社会组织信用体系首先应由政府牵头组织成立一个包括民政、工商、税务、银行、公安以及各类行业协会、专业评估机构等在内的信息管理委员会。信息管理委员会作为统一的领导机构，应根据工作需要，明确职责，落实分工，制定具体的实施方案。

（二）加强思想宣传教育

构建社会组织信用体系涉及的部门较多，利益复杂，特别是信用信息的来源涉及工商、民政、金融系统、行业协会和各种专业数据库，来源渠道较多，部门之间、行业之间跨度较大，壁垒较多，容易滋生部门主义、本位主义思想，影响社会组织信用体系的构建和运行。因此，各部门要在信息管理委员会的统一领导下，统一思想，提高认识，充分认识到构建社会组织信用体系对于政府职能转移、社会信用体系建设和社会组织发展的重要意义,把构建社会组织信用体系看作规范社会秩序,加强诚信自律,提升社会治理水平的重要措施。在工作过程中,严格按照标准的程序以及规范的步骤,统一实施、推进,避免出现部门之间互相扯皮推诿、各行其是、政出多门等情况。同时也要充分发挥网络、电视、广播等新闻媒体的作用,大力弘扬诚实守信、实事求是的社会文化,在全社会营造诚实守信的道德风尚。

(三)建立健全相应的法律法规

完善的法律法规、规章制度和政策体系既是构建社会组织信用体系的重要内容,也是制度保证、实施依据。要在总结我国社会信用实践过程中存在的问题及取得的进展的基础上,参考西方国家的立法内容,尽快完善现行法律制度,制定信息管理的专门法规,围绕信用体系建设规划、信用信息采集与披露、信用档案记录、信用担保、信用监督等方面构建多层次、多角度、全方位的法规和政策,要在信用信息的真实性、有效期限、出现争端的解决机制、公共机构发布相关信用信息的渠道与方式等方面制定明确的法律法规,规范相关各方的行为与职责,为社会组织信用体系的构建奠定坚实的制度基础,确保构建社会组织的各项工作有法可依。同时,也要完善对失信行为进行惩罚的法律法规,加大对失信行为的惩罚力度,增加失信成本。

(四)构建统一的数据库和执行标准

构建社会组织信用体系所依托的信用体系数据库是一个可运行的存储、维护和应用系统,提供数据的软件系统是存储介质、处理对象和管理系统的集合体,不仅要能够收集、反映数据,还要能分析、评价、公示和使用数据,传统的数据库业务很难达到这一要求,因此需要研发人员专门开发、设计一套有针对性的信用体系数据库。数据库管理员需要创建、监控和维护整个数据库,使数据能被任何有权使用的人有效使用,同时这一岗位也必须由业务水平较高、资历较深的专业人员来担任。另外,信用数据的征集、筛选、评价等重要的环节和步骤都需要在严格的规范下参照一定的标准执行,这些标准和规范也需要专业的人员在充分调研的基础上,依据现实情况来制定。总之,构建社会组织信用体系是一项系统的工作,需要很多专业人员互相配合、共同执行,因此需要尽快引进专业的人才,并加强对相关技术人才的培养和信用管理学科的建设,为构建社会组织信用体系提供强大的人力和技术支撑。

（五）动员市场力量参与运作

从运行社会信用体系较为成功的国家的经验来看,充分调动市场需求和市场资源调配的能力,发挥市场主体的力量参与社会信用体系的建设是其成功的主要经验之一。从长远来看,政府也无法长期进行信用信息的收集、加工、传播、使用等具体的活动。因此,要加强信用市场的培育,引导市场交易者进行信用评级,利用多种手段激发信用市场需求。同时,还要尽快出台信用管理行业法规、制度和政策,鼓励民间资本进入信用行业,积极扶持各种专业化的资信调查和评估、征信、信用保险、商账追收、信用担保等信用服务组织,给予信贷服务企业信贷、税收等方面的优惠政策,帮助其提高市场竞争力,以满足全社会多样化、多层次的信用服务需求。同时也要积极倡导成立信用服务行业的行业协会,发挥行业管理的作用,促使信用行业从分散经营、盲目竞争转向联合经营、协调发展。

（六）筹备一定的运作资金

构建社会组织信用体系耗资较大,资金运转周期较长,因此,各级人民政府要根据社会组织信用体系建设需要,将所需经费纳入财政预算。要加快信用信息网络建设,加大对信用基础设施建设、重点领域创新示范工程等方面的资金支持。要加大信息安全保障、技术研发和资金投入。在加快信息基础网络建设的同时,也应当注重协调,使政府职能部门之间、行业系统之间都能够做到联合征信、数据共享。通过资源融合来降低成本,避免资源的浪费。

第六章
政府、社会组织、企业三体联动研究

系统论的观点认为,任何系统都是一个有机的整体,它不是各个部分的机械组合或简单相加,整体功能是各要素在孤立状态下所没有的性质。各要素性能好并不代表整体性能一定好。系统中各要素不是孤立的,每个要素在系统中都处于一定的位置,并起着特定的作用,要素之间相互关联,构成了一个不可分割的整体。在研究或处理问题时,要把所研究和处理的对象看作一个系统,分析系统的结构和功能,研究系统、要素、环境三者之间的相互关系和变动的规律性,并从优化系统的角度来看待、解决问题。

根据系统论的观点,笔者认为,共同富裕的实践同样可以视作一个子系统,它处在一定的大环境之中,受到经济、政治、社会、科技、市场等诸多方面的影响,并不断和外界环境进行各种资源和能量的交流,以及和其他的一些子系统之间形成合作或竞争的关系。要实现共同富裕,既要充分考虑政府、企业、市场主体各个要素作用的发挥,也要考虑三者之间的互相联系、互相配合,以使整体功能达到最优,同时也要充分考虑国内外环境的变化,顺应时代发展的趋势。

第一节　共同富裕建设面临的机遇与挑战

各个子系统之间是一种动态平衡的关系,当外界环境发生巨大变化时,各个子系统之间的平衡可能会被打破。从时代发展情况来看,当前我国政治、经济发展的大环境已经发生了比较明显的变化。

一、共同富裕建设的机遇

(一)和平稳定仍是世界发展的主流

实现共同富裕离不开国际和平的形势、友好的外部环境,也离不开国内的社会稳定。中国经济的发展离不开世界经济,国内的和平稳定也离不开世界的和平稳定。当前世界虽然处于大发展、大变革、大调整时期,局部地区的矛盾和冲突时有发生,但和平与发展仍然是主流,也是世界人民共同的心愿。一方面,经济全球化已经成为不可阻挡的趋势,有力地促进了各类要素资源在国际市场上的优化配置,推动各国之间的联系日趋紧密,为全球创造了丰厚的物质财富,极大地提高了世界人民的物质生活水平;另一方面,国家经济实力的变化也必然会引起政治权力中心的变化,进而引起国际政治、经济利益的重新分配和社会的波动,带动世界政治经济格局的变化。面对日益增多的全球性问题和人类社会的共同挑战,以美欧等发达国家为主导的旧的全球政治经济秩序已经越来越难以适应形势的变化,影响力和掌控力越来越弱,特别是伴随着发展中国家的崛起,并且发展中国家也希望在国际上有更多的话语权,因此旧的全球治理体系不断受到挑战和冲击,但新的格局尚未形成。在这一大变革中,世界和平问题、环境问题、治理问题突出,全球治理体系需要进一步完善。世界更加平衡和多元,大国战略博弈也更加激烈。不过我们需要清醒地看到,尽管挑战重重、困难重重,世界百年未有之大变局加速演进,但是和平与发展的时代主题没有变,合作与共赢的整体局势没有变,和平、发展、合作、共赢依然是世界人民共同的心声和渴望。和平稳定的国际环境为我国经济的发展和共同富裕的推进创造了良好的外部条件。

(二)共同富裕是全国人民的迫切愿望

管子曰:"政之所兴,在顺民心;政之所要,在得民心;政之所废,在逆民心。"中国共产党的成长史、国家发展史和民族兴衰史都一再证明,人民是历史的创造者,是决定党和国家前途命运的根本力量。全心全意为人民服务,把赢得民心民意、汇聚民智民力作为重要的着力点,既是对党的执政宗旨的一以贯之,也是加强党的建设的重要法宝。面对帝国主义的侵略与压迫,清政府软弱无能,逐步将中国推向半殖民地半封建社会的深渊。为了实现民族复兴,无数仁人志士不屈不挠、前仆后继,进行了可歌可泣的艰难斗争,但终究没能改变旧中国的社会性质,也没能改变旧中国人民的悲惨命运。饱受摧残的人民群众无不渴望和平、安宁、独立的生活,共同富裕成为全国人民灵魂深处的美好梦想。中国共产党从成立之日起,就把实现共产主义作为党的最高理想和最终目标,从推翻半殖民地半封建社会,实现民族独立开始,到新中国建设与社会主义改造,再到改革开放,大力发展社会主义市场经济,中国共产党带领全国人民围绕共同富裕这一主题一直在不断努力。推进共同富裕建设是当前凝聚民心、顺应民意的历史选择。

(三)人类命运共同体的理念深入人心

2013 年 3 月,习近平总书记在俄罗斯莫斯科国际关系学院讲话时提出了人类命运共同体的理念。推动构建人类命运共同体是新时代中国共产党为科学回答 21 世纪"建设一个什么样的世界,以及如何建设这个世界"这个时代之问提供的中国智慧和中国方案。自人类命运共同体的理念诞生以来,因其宽阔的格局和视角,以及正确的价值引领和影响,被越来越多的世界人民所欢迎和认同。全球化的今天,人类的命运已经被紧密地联结在一起,没有哪个国家和地区能够独善其身,独自应对挑战,也没有哪个国家和地区能够退回到自我封闭的孤岛。正如习近平总书记所说的:"人类生活在同一个地球村里,生活在历史和现实交汇的同一个时空里,越来越成为你中有我、我中有你的命运共同体。"①当前,全球经济下行的压力增大,加剧了世界政治经济格局的演化,国际形势的不稳定性因素明显增加,环境问题更加突出。在这种情况下,世界各国应同舟共济、协调行动,共同应对变革和挑战,构建人类命运共同体的意义更加凸显。人类命运共同体的理念拓展了

---

① 习近平:顺应时代前进潮流 促进世界和平发展——在莫斯科国际关系学院的演讲.(2013-03-24)[2022-08-25]. http://jhsjk. people. cn/article/20893328.

共同富裕的外延,打破了意识形态和制度的限制,将共同富裕的理念和目标从中国拓展到世界,使共同富裕更具有时代的特征与世界范围的价值。

（四）新一轮工业革命方兴未艾

在人类历史上,每一次工业革命都会对世界产生巨大的影响。以互联网产业化、工业智能化、工业一体化为代表,以人工智能、清洁能源、无人控制技术、量子信息技术、虚拟现实以及生物技术为主的全新技术革命正在兴起,有些学者称之为第四次科技革命。这次技术革命的关键是数字化、信息化管理和智能系统的紧密结合。它不仅提高了生产力水平,提供了丰富多彩的物质基础,还重建了人力资源和设备能力融合的劳动方式与规定,在各国产业政策中增加了新的内容和方式。在第四次科技革命中,各种颠覆性创新技术的发展迅速推进,许多新的科学研究成果进入了大家的日常生活,深刻影响了人们的观念、文化艺术、日常生活和对外开放的交流方式,也深刻影响了政治治理、经济发展、高新技术、外交关系、社会发展等。中国主动拥抱变革,在新一轮的科技革命中处于领先地位,航空航天、5G 通信技术、高铁建设、基建工程、北斗导航等一大批高新技术位于世界先进行列,科技的应用更加广泛,创新驱动发展的成效更加显著,科技进步贡献率超过60%。这在客观上进一步解放和发展了生产力,促进了经济的发展和政治、文化与生活的变革,为共同富裕提供了强大的科技支撑。中国开始从科技大国向科技强国迈进。

（五）小康社会全面建成

2021 年 7 月 1 日,习近平总书记在庆祝中国共产党成立 100 周年大会上庄严宣告:"经过全党全国各族人民持续奋斗,我们实现了第一个百年奋斗目标,在中华大地上全面建成了小康社会,历史性地解决了绝对贫困问题,正在意气风发向着全面建成社会主义现代化强国的第二个百年奋斗目标迈进。"[①]100 年来,中国共产党团结带领中国人民顽强拼搏,几代人一以

---

① 习近平:在庆祝中国共产党成立 100 周年大会上的讲话.(2021-07-01)[2022-09-03]. http://jhsjk. people. cn/article/32146278.

贯之、接续奋斗,从"小康之家"到"小康社会",从"总体小康"到"全面小康",从"全面建设"到"全面建成",小康目标不断实现,小康梦想成为现实。中国小康社会的全面建成标志着实现中华民族伟大复兴取得了阶段性的成功,中华民族不仅站起来、富起来了,而且开始强起来了。中华人民共和国成立以来,经过几十年的共同奋斗,中国的综合国力也有了显著的提升,国内生产总值持续快速提升,已经从1952年的679.1亿元人民币跃升至2020年的101.6万亿元人民币,成为仅次于美国的世界第二大经济体,经济总量占全球经济的17%以上。人均国内生产总值也有了大幅度的提高,从1952年的几十美元升至2020年的超过1万美元,从低收入国家进入中等偏上收入国家的行列。在对外交往和贸易方面也有了明显的突破,中国已是全球货物贸易第一大国、服务贸易第二大国、商品消费第二大国、外汇储备第一大国,2020年利用外资居全球第一。中国的制造业更是发展迅猛,自2010年起连续11年保持世界第一制造业大国的地位,制造业增加值多年位居世界第一,220多种工业产品产量居世界第一。中国的物质文明、政治文明、精神文明、社会文明、生态文明都得到了全面的提升和协调发展。全面建成小康社会是我国迈向共同富裕的阶段性成功,既实现了经济总量的提升,使全体人民的生活水平得到提高,也实现了政治、文化、生活、环境等领域的全面进步。

二、共同富裕建设面临的挑战

(一)任务难度空前

习近平总书记深刻指出:"中华民族伟大复兴绝不是轻轻松松、敲锣打鼓就能实现的"[1]。党领导人民取得了全面建成小康社会的伟大成就,但要在百年未有之大变局中实现民族伟大复兴,仍需迎接新的挑战。带领14亿多人奔向一个人类历史上从未有人实践过的理想社会,这本身就是一个空

---

[1] 习近平:坚定改革开放再出发信心和决心 加快提升城市能级和核心竞争力.人民日报,2018-11-08
(1).

前的挑战。中华人民共和国成立后,新生人民政权致力于缩小贫富差距,以公有制、计划经济及按劳分配的方式对共同富裕做了一次历史性的尝试和探索。但由于当时工业基础较为薄弱,且需优先考虑重工业建设任务,民生改善受到诸多制约,人民的生活水平未得到充分提高。改革开放以来,社会主义市场经济体制逐步确立,人民的物质和精神生活水平有了显著提高,但贫富差距却越来越大。党和政府通过战略规划、结对帮扶、脱贫攻坚、转移支付、产业布局等一系列政策措施,在控制城乡差别、区域差别持续扩大的问题上取得了阶段性成效,但经济基础仍旧比较薄弱,贫富差距较大。国际经验表明,贫富差距过大时不仅经济发展受阻,经济循环不畅,而且会导致阶层固化,社会矛盾加剧,社会动荡不安。共同富裕要求对各种利益关系进行统筹协调,对各种矛盾进行妥善处理,这样人们才能各得其所、和睦共处,社会才能保持稳定、实现和谐。然而,在现实生活中,不同地域、不同行业、不同群体的利益关系千差万别、各不相同、错综复杂,处理难度巨大。要在这样人口众多的国家解放和发展生产力,消灭剥削,消除两极分化,同时又不能降低绝大多数人的工作积极性,这对我们党的执政能力提出了巨大的考验。

(二)全球不稳定因素增多

当前,国际政治经济形势进入加速演变期,人类正遭遇百年未有之大变局,环境污染问题严重,战争、贫穷、饥饿仍在部分地区蔓延,世界进入新的动荡变革期,全球不稳定因素增加,人类正面临着前所未有的风险与挑战。一是全球经济下行压力较大。全球发展鸿沟更加突出,贫富差距不断扩大,发展失衡成为长期困扰全球发展的突出问题。发达国家极度宽松的货币政策导致全球通胀压力加大,成为全球经济和金融市场稳定发展的隐患。各种复杂情况的叠加导致经济发展连续性本就脆弱的欠发达国家面临严重的经济、财政危机,治理能力的欠缺更是放大了危机的潜在伤害。由于全球治理机制的先天缺陷抑制了全球治理效力的发挥,治理赤字、和平赤字、发展赤字、信任赤字不断加剧,全球治理进程面临严峻挑战。二是国际力量对比加速变化,地区冲突热度不减。巴以冲突、俄乌冲突持续升级。西方国家重拾冷战思维,将大国竞争作为其国际战略的主要方面,积极构建排他性利益联盟,加剧大国关系的紧张程度。大国博弈竞争加速升级,大国关系治理面临挑战。美国与俄罗斯围绕北约东扩问题的持续博弈成为俄乌冲突爆发的深层诱因,芬兰和瑞典申请加入北约使局势更加复杂。美国在贸易战、疫情溯源、网络战等问题上持续向中国施压,中美关系面临新的挑战。同时,传统的美欧关系也面临挑战,双方围绕伊核问题、能源问题的裂痕也不断增大。三是逆全球化出现。在这个大动荡、大变革、大发展的新时代,部分西方国家单边主义、保护主义抬头,发起全球范围的贸易战,并将其视为大国竞争的手段工具,通过长臂管辖实现强权目的。作为世贸组织正常履职的关键支柱,世贸组织争端解决机制也由于美国持续阻挠上诉机构的遴选而长期无法运行,严重削弱世贸组织的权威性和全球经济治理的有效性。

（三）全球环境问题更加突出

目前,气候变化所带来的极端天气和自然灾害越来越成为危及人类生存的紧迫问题。2022年夏天,一场席卷亚、欧、美洲的高温天气,以其持续时间之久,面积跨度之大,温度极限之高,刷新了许多地区的历史最高温度纪录,其所带来的高温、干旱、森林火灾等给人类再一次敲响了警钟。《2020年全球风险报告》中所指出的未来十年全球前五大风险均与气候变化有关,全球气候治理亟待凝聚合作共识。然而,部分西方政府囿于选票政治,往往聚焦于与选民短期利益相关的经济、就业问题,选择性地忽略了气候变化这一重要议题,进而采取气候单边主义行径,拒绝承担气候治理的国际责任,特朗普政府退出《巴黎协定》便是这一倾向的重要体现。单边主义行为造成了巨大的国际行动空白和资金缺口,严重削弱了全球气候治理共识和行动的有效性。拜登成为美国总统后,虽然美国重返《巴黎协定》并试图修复破损的气候合作,但其充满意识形态对抗色彩的对外政策使气候合作充满未知数。数字、太空、网络等治理新领域的增加使全球治理盲区扩大。随着科技革命的飞速发展,人类所能到达和触及的领域空间不断扩大,全球性问题向天空、网络、极地等"高边疆"和"新边疆"领域蔓延,治理空间无限延伸。这些都给中国共同富裕的建设带来了许多不确定性,增加了风险和挑战。

　　总的来说，共同富裕的建设面临的机遇与挑战并存，且机遇大于挑战，需要我们党和政府拿出极大的政治勇气与智慧，坚定地发展经济、改革开放，团结动员全社会的力量，建设新时代的统一战线，在艰难曲折中不断迈向理想的未来。

第二节　构建政府、社会组织、企业三体联动机制

　　当前，世界百年未有之大变局正在加速演变，外部环境更趋复杂，机遇与挑战并存，在这种情况下，需要将全社会凝聚到共创共享、共同建设社会主义现代化强国的道路上来，但是考虑到我国仍处于社会主义初级阶段，发展不平衡不充分问题仍然突出，因此要对促进全体人民共同富裕这项长期任务的复杂性和艰巨性有充分的估计。这需要党和政府摆正与企业、社会组织等的关系，激发各类主体活力，充分调动起各界力量，精诚合作，方能乘风破浪，奋楫前行。

一、构建政府、社会组织、企业三体联动理想模式

　　政府、社会组织、企业作为社会治理的三大主体，应当围绕实现共同富裕的目标，按照"政府办赛、社会组织协作、企业参赛"的角色互动思路，通力合作，相互制约，使各自的优势得到最大限度的发挥。如图6-1所示，政府应当是共同富裕建设的主导者，要充分发挥引领作用，激发社会组织和企业的积极性，同时做好服务工作，鼓励它们更多、更深地参与到共同富裕建设中来。企业是经济发展、科技进步、文化繁荣的主力军，在政府维护下的公平、公正、有序的市场环境中发挥所长，创造价值。社会组织在政府的大力支持下，积极配合、参与行业指导，并充分发挥公共服务、社会治理等职能，使政府可以从繁杂的琐事中解脱出来，更好、更精准地进行宏观调控。企业和社会组织如同政府的两翼，在政府的引导下，一起为共同富裕建设而努力。企业和社会组织也会发生积极的互动，企业为社会组织提供人力、物力、财力

的支持,积极捐赠,助力社会组织发展,以提高自身的社会形象,履行社会责任。社会组织也以商会、行业协会的形式积极为企业提供技术咨询、行业指导等服务,促使行业健康有序发展。三者之间的行为在法律的框架下,通过契约缔结(隐性或者显性均可)的形式开展合作,同时也互相监督,当一方的行为明显违背契约精神和公众意志时,另外两方有权通过法律进行维权,以保障合作的可持续性。在这种理想的关系模式中,共同富裕是共同的目标,清晰的角色定位是合作的基础,制衡的关系是合作的保障。

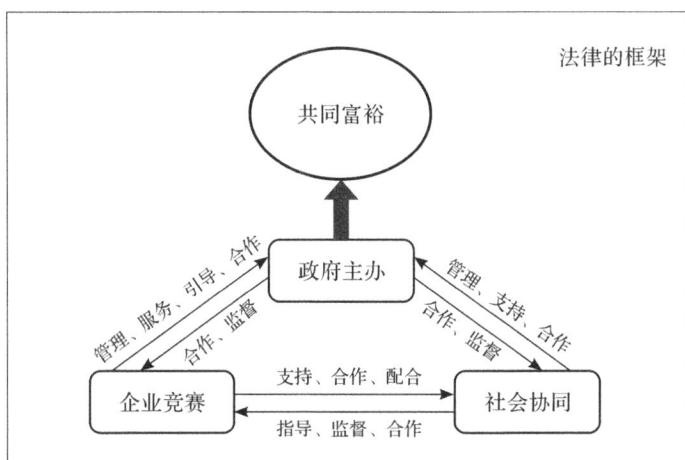

图 6-1　政府、社会组织、企业三体联动

(一)"卓越的赛事"是共同的目标

共同富裕建设是一个复杂的系统,包括现实条件、发展目标、实现路径、创造和享有主体、利益分配机制、评价体系等诸多要素与机制,既要考虑现实国情,又要考虑实现路径。马克思当年只是从社会发展的一般规律和趋势出发,从理论层面提出了共同富裕的设想,但是对于其实现过程、实现标准、具体路径等相关问题都没有进行充分的分析和论证。共同富裕的建设不管在理论还是实践上,几乎都处于空白,迄今为止世界上还没有一个国家实现共同富裕。一些社会主义国家对共同富裕进行了探索,但因遭遇了国家解体、国际势力干预、社会制度演变等问题而被迫搁浅。中国在探索一条从未有人走过的路,可供参考、借鉴的理论知识和成功经验很少,并且时代

和环境也在不断变化，马克思科学社会主义的思想已经经历了一百多年的风风雨雨，在这一百多年里，人们对共同富裕的认识和理解也发生了许多变化，并且存在诸多差异。如果不加以引导，必然会直接影响共同富裕的建设，甚至影响人民对党的执政能力和执政水平的认同感。因此，加强共同富裕建设，发挥政府、社会组织、企业的合力，首先要加强对共同富裕理论的研究，从思想层面统一认识，明确方向，明晰什么是共同富裕，应该怎样建设共同富裕，建设共同富裕的过程中可能会遇到哪些现实问题等，让全国各族人民、社会的各个阶层都充分认识到共同富裕是利国利民的千秋伟业，有利于全国人民幸福感的提升和中华民族的伟大复兴，坚定人民群众对实现共同富裕的信心，自觉为共同富裕贡献自身力量。

（二）"清晰的角色定位"是合作的基础

建设共同富裕是全社会共同努力的目标，是全社会共同的美好愿望，要实现这个目标需要政府、社会组织、企业三方扮演不同的角色，发挥不同的功能，各司其职，共同协作。我们将共同富裕的建设比作一场精彩的赛事，政府部门就是赛事的"主办方""举办方"，需要统筹、规划赛事的赛程、赛制，为赛事的举办寻找或者兴建合适的场地等，协调各方利益，确保赛事安全又精彩。同时，政府部门还需要承担起"裁判员"的重任，在"运动员"对赛事结果产生疑问或者"运动员"之间、"运动员"与其他赛事主体之间发生冲突时进行处理和协调，确保赛事公平、有序进行。社会组织就是赛事的"协办方""志愿者"，是提供这场赛事的新闻、媒体、志愿者等服务的团体和组织，有了他们才能确保赛事有条不紊地进行。企业就是赛事的"运动员"，"运动员"需要刻苦训练，增强实力，在政府精心打造的舞台上绽放光彩，展现实力，赢得更多观众的喝彩。同时，优秀的企业作为赛场上的"尖子选手"，还应该积极承担更多的社会责任，为赛事的举办提供各种物质保障和技术支持，在保障赛事顺利进行的同时，也为自己打响了广告，提升了自身的形象与人气。

在共同富裕的建设中，政府应当成为"主导者"。共同富裕的建设需要政府来宏观规划，统筹设计，稳步推进；需要政府协调各方利益，带动各方努力；需要政府保障公民和各类组织的权益等。社会组织应当成为"志愿者"，承接政府转移的部分公共职能,更好地为居民提供基础的公共服务,更好地为不同的群体传达合理的利益诉求,更好地参与社区治理和公共事务。企业应当成为"主力军",共同富裕的建设需要市场主体繁荣经济,促进经济发展,创造更多的物质基础,并且需要发挥市场机制的决定性作用,营造公平有序、奋发向上的社会氛围。三者互为补充,缺一不可。

(三)"相互制约"是必要的保障

没有约束和制衡的合作必然会导致某一方权力与私欲的膨胀,从而影响、破坏合作。政府、社会组织、企业都应当在法律的框架下履行职责,自觉接受彼此以及社会的监督。许多国家的政治实践证明,制约权力最强大的力量来自体制外部而非体制内部,社会监督是约束权力的有效形式,只有将政府、社会组织和企业的行动都置于公开、透明的社会环境中,接受社会有效的监督,才能更好地促进三方行为的规范化和合作的良性化。

政府部门作为共同富裕的主导者、最大的权威机构,应主动推进政务公开,积极构建完善的社会监督体系,综合发挥司法监督、审计监督、新闻监督、网络监督、群众监督、行业监督等监督形式的作用,自觉接受来自社会各个方面的监督。同时加强对各类市场主体、社会组织的监管,共同保障个人和集体的权利不受侵犯。社会组织应该诚实守信,积极推进信息公开,自觉接受政府的管理,并积极推动民主管理机制的建立,为人们的利益表达和正当诉求提供更多合法、合规的表达渠道,增加社会成员对政治生活的正确认知和有序参与,维护组织成员和社会大众的合法权益,帮助政府协调不同群体之间的利益,促进行业自我管理,保护消费者的合法权益,维护市场经营秩序,监督政府越位行为,为政府职能转变提供帮助,将政府的行为约束在合理的边界内。企业应该诚信经营,发展科技,创新产品,为丰富人民群众的生活提供更多的产品和服务,在公平、公正的市场竞争中不断壮大自身实力。同时,对于政府部门的"越界"行为、不当干预,以及行业内的各种乱象,应及时通过合法渠道予以反馈和沟通,确保企业的正当权益不受侵害。

二、构建政府、社会组织、企业联动关系的前提

(一)平等的主体地位

应当明确政府、社会组织、企业是平等的合作关系,三方为实现共同富裕以及满足人民日益增长的多元化需求而共同努力,三者具有内在利益的一致性和协调性。从理论的角度来看,完全由政府或市场提供公共物品和服务的模式已经无法适应社会发展的需要。这一点已经成为社会的广泛共识,许多理论从不同角度论证了公共事务应该由政府主体、交易主体、社会主体等共同负责,通过多元主体在不同运行机制的独立运作以及相互之间的协作配合来共同治理。以多中心治理理论为例,它认为应当将规则的制定权和执行权以及社会治理的职能从某个权力中心转移、分散到多个权力中心并由其共同承担、分工协作,从制度上消除个人、利益集团或组织凌驾于法律之上而导致集体利益受损的社会土壤。多中心治理理论主张无论是政府、社会组织还是营利性组织,只要遵守相应的制约规则,都可以正当行使主体性权利,以各种恰当的方式参与公共决策和社会治理。这种主体之间竞争和协作并存的多中心治理模式有助于提升社会治理的水平和各个主体的自主治理能力。从实践的角度来看,共同富裕的建设是迄今为止人类社会从未实践过的一种制度形态,单纯依靠某一方的力量难以实现这一伟大目标,一定要动员全社会的力量共同参与、共同建设。但是,发挥各方合力的前提是首先要从思想、态度上摆正它们的关系。从合作的角度来看,只有合作的各方地位平等、目标一致,才能建立健康、持久的合作关系,任何一方凌驾于另一方之上都将会影响合作关系的可持续发展。需要特别指出的是,这里的平等更多的是指法律意义上的主体地位平等,而非权利和责任上的平等,也并不意味着政府权力和权威的减弱,政府需要在尊重社会组织、市场主体独立性的基础上,继续发挥"同辈中的长者"角色的作用,在共同富裕建设的过程中发挥主导作用。

(二)主体的高度成熟

目前,我国仍处在社会主义发展的初级阶段,政府、社会组织、企业自身

的运作还存在问题,这在一定程度上影响了三者之间的互助合作。政府行政权力过大、大包大揽、边界模糊等情况依然存在。政府干涉过多、法治不完善、户籍制度等影响市场发挥的体制机制问题依然突出。社会组织发展良莠不齐、公信力不足、独立性不够等问题依旧制约着社会组织作用的发挥。企业非法经营、以次充好、偷税漏税等违法违规现象依然严重。产业发展水平较低,科技含量较少,核心技术、关键技术被"卡脖子"的问题依然突出。发挥三者合力非常重要的前提是需要三者以共同富裕建设为契机,抓住机遇,积极推进自我变革,实现自身跨越式发展。从政府履职的角度来看,政府应当充分认识到自身在共同富裕建设中的责任和使命,充分认识到推进政府职能转变的重要意义,精简机构,简化程序,为市场经济保驾护航;从企业发展的角度来看,企业应精准定位,优化流程,提升技术,不断改良服务,创新产品,为消费者提供更加优质的产品和服务;从社会组织的角度来看,社会组织应当扎根社区,整合资源,引进人才,提升自身专业化水平,勇挑重担,自立自强,提升公信力,让自身尽快成长、壮大起来,在社会治理中担负起应有的责任和使命。

（三）明晰的责权关系

合理的组织边界是有效分工的前提。在上文中,笔者对政府、社会组织、企业的角色、功能和组织边界进行了梳理。在建设共同富裕的过程中,三者既要切实履行好自身的责任和义务,找准定位,明晰角色,也要尽力"不越位""不越界",不干涉其他组织的正常运行。政府的职责和作用主要是保持宏观经济稳定,加强和优化公共服务,保障公平竞争,加强市场监管,维护市场秩序,推动可持续发展,促进共同富裕,弥补市场失灵。对于企业的职责权限,《公司法》中有比较清晰的界定,社会组织的管理目前尚没有专门的法律,只有《社会团体登记管理条例》《民办非企业单位登记管理暂行条例》《基金会管理条例》等法规。《慈善法》中对以面向社会开展慈善活动为宗旨的非营利性组织的部分权利进行了界定。政府、社会组织、企业各自的职责、权力还需要进一步明晰。

（四）良好的契约环境

根据社会契约论的观点，人人生而平等、自由，国家由民众通过契约缔结而成，公民将一部分权利交由国家支配，国家为公民提供生命与财产安全等一系列保障。社会契约论充分论证了政府存在的理论基础，对个人、社会、政府的权利，以及政府的形成、运作都进行了精辟的分析。综合社会契约理论则将这种契约关系进一步延伸到其他领域。综合社会契约理论认为，企业与员工、消费者、合作伙伴、供应商等利益相关者之间的关系也应由契约所维系，这种契约包括显性契约与隐性契约两种。显性契约方主要由股东、客户、雇员等企业的直接利益相关者构成，企业与其之间的合作大多建立在正式的显性契约之上。隐性契约方主要由政府、社会组织、媒体等企业的间接利益相关者构成，与企业之间往往以伦理、道德等非正式的隐性契约的形式形成联系。综合社会契约理论也为我们研究政府、社会组织、企业之间的关系提供了一个新的思路，即政府、社会组织、企业通过订立契约（包括显性契约和隐性契约）的形式而形成稳定、合法的关系，政府有责任和义务为企业、社会组织的发展创造公平、公正的经营环境，企业若想在平稳有序的健康环境下开展各种营利活动，就必须以保障消费者、员工、股东和其他契约方权益的形式，履行社会责任，增进社会效益。社会组织则必须通过践行对会员的承诺以及提供让会员满意的公共服务来获取生存空间。可见，维系良好的契约关系是政府存在的基础，以及企业和社会组织正常运作的前提与保障。需要注意的是，由于信息的不对称性、市场主体和社会组织类型的多样性，完全公平、规范的显性契约关系几乎不可能存在，三者之间的契约关系还需要价值观、道德和文化的建设来辅助约束契约双方的行为。

三、构建政府、社会组织、企业三体联动机制

（一）理顺关系，找准定位，形成功能互补的协调机制

中央财经委员会第十次会议指出，要"在高质量发展中促进共同富裕，正确处理效率和公平的关系，构建初次分配、再分配、三次分配协调配套的

基础性制度安排,加大税收、社保、转移支付等调节力度并提高精准性,扩大中等收入群体比重,增加低收入群体收入,合理调节高收入,取缔非法收入,形成中间大、两头小的橄榄型分配结构"。要实现上述目标,首先要理顺政府、社会组织、企业三者之间的关系和各自的定位,充分发挥各自的优势和长处,努力形成"政府主导、企业参与、社会协作、功能互补"的协同合作机制。

政府除了要切实履行好政府的政治、经济、文化、社会治理四大职能,还要在共同富裕的顶层设计、宏观调控、政策制定、公共服务等方面发挥积极作用。一是做好深入统筹规划,明晰共同富裕的目标、路径、实施方案等,并就实施方案进行统一部署。二是做好宏观调控工作,要着力解决制约经济社会高质量发展的薄弱环节,切实提高全社会共同富裕发展的协同性和整体性。三是政策制定。发挥税收的杠杆作用,在二次、三次分配领域重点兼顾公平,做好社会保障工作,缓解全面市场经济导致的贫富差距问题。四是提升公共服务。增加公共服务投入,推进公共服务均等化,提升教育、医疗、社会保障和保障性住房等领域公共服务的质量与覆盖范围,并推动均等化,促进人与自然和谐相处。

企业要发挥好"主力军"的作用,公平竞争,诚信经营,创新技术,发展科技,在寻求利润最大化的同时承担好应尽的社会责任。一是创造物质和精神财富。不同性质的企业都应在各自所处的领域中发挥自身优势,提高自身竞争力,努力向群众提供更多的物质和精神成果,满足群众多样化的需求。二是参与公益事业。企业作为社会经济的基石,掌握着社会大部分资金和技术资源,在社会治理和收入分配的过程中拥有更多的话语权,因此,企业在力所能及的情况下投身公益事业,参与社会捐赠,是企业承担社会责任的基本义务。三是发展科技,助力创新。企业应在生产和经营的过程中积极发展新模式、新技术,将科学技术、创新发明转化为经济增长的新动力。

社会组织要扮演好"协办方"和"志愿者"的角色,整合资源,打造特色,切实做好政府的助手,更好地为民众提供多元化的公共服务。一是帮扶弱势群体。帮助基层群众,特别是弱势群体在合理、合法的前提条件下表达诉求,寻求帮助,解决问题,化解危机,促进社会公平正义。二是参与公共服务。做好政府职能转移的承接工作,在教育、文化、环保等领域广泛开展与政府的深入合作,为人民群众提供更加优质和丰富的公共服务。三是做好信息参谋。为组织代表的群体搭建更多与政府决策部门沟通的平台,引导社会成员有序参与政治,及时向政府传递舆情和民意,为政府决策提供专业咨询和参谋,推动政府决策的民主化。三是助力企业发展。通过其所掌握的信息、资源、技术,为各类市场主体提供技术支持、人才培训、技术指导、市场监管等,促进行业的发展。

(二)深入改革,破除壁垒,形成开放、多元的沟通机制

有效的沟通是发挥合力、消除误解、避免决策失误的重要前提。政府部门应当率先转变思想,深入改革,加快推进服务型政府建设,深入一线,深入企业,主动和企业进行深入沟通,为企业的发展排忧解难,为社会组织的发展保驾护航,并形成常态化的沟通机制,在有效的沟通中提高决策水平,提高政策的合理性。

第一,要加强制度建设,完善沟通机制。政府应把与企业、社会组织的沟通、对话作为工作制度加以落实,形成收集和处理企业、社会组织意见的常态化机制;应当主动建立并落实职能部门联系企业制度,搭建常态化、多元化的政企沟通桥梁,为企业提供各种细致、贴心的服务;加强信息管理,搭建多元化的政府、社会组织、企业沟通网络,实行政府与社会组织、企业定期对话的沟通机制;增强服务意识和服务理念,开辟企业绿色服务通道,为困难企业、民生企业、惠民企业做好业务对接,认真梳理、制定、精简各项审批流程,积极推进电子政务、线上服务,提高政务水平;加强政府部门之间的协调沟通,避免多头领导、多头施压,为企业的发展提供各种优惠措施。

第二,要畅通沟通渠道,搭建沟通平台。运用现代信息技术和网络,建立 QQ 群、钉钉群、微信公众号或微信群等,给政府、社会组织、企业搭建更加直接、简便的对话交流平台,使沟通更为顺畅。在重大方针、重大决策作出前,召开由企业、社会组织和其他各类社团参加的座谈会等,认真听取群众意见,提高政策的科学性和合理性。通过走访调研,以及召开座谈会、招

商推介会等多种沟通方式,及时倾听企业诉求,解决企业发展中的体制机制障碍,为企业做好服务和保障工作。

第三,要树立服务理念,助力有效沟通。应在政府部门加强沟通文化的建设,提升公职人员对于沟通的认识,着重加强沟通技巧和能力的培训,提升沟通效果。接受企业、社会组织的业务咨询,向企业、社会组织宣传、解释相关的行政规范和政策,及时为企业、社会组织提供业务办理咨询、法律培训、办事指引等服务,做好"贴身管家"的工作。政府主要领导及相关部门应深入企业、深入一线,通过定期组织调研、召开专题座谈会等方式,认真倾听企业、社会组织意见,帮助解决企业、社会组织在生产经营活动中的重大难题和瓶颈问题。

第四,要发挥沟通枢纽的作用,有效反映诉求。商会、行业协会等支持类社会组织也要积极发挥沟通纽带的作用,代表相关的社会群体参与社会治理,维护相关行业的权益,表达行业集体的共同意愿和诉求。一方面,各类商会、行业协会应积极把政策、法律法规及时传达、落实到相关行业中去,为行业中的企业发展提供细致的指导和服务,帮助行业内部进行管理和协调,促进行业水平的整体提升;另一方面,积极反映行业的利益诉求,代表行业与政府进行沟通,与其他国家、地区或部门进行沟通协商,参与国际贸易争端的协商和处理等。

(三)自我约束,双向评价,形成互相监督的制衡机制

政府的权力来自人民,社会组织的权力来自政府的让渡,企业的权力来自法律的保障。这三类组织在不同层面具备一定的权力。权力运用得好,就可以指挥得法、造福于民;而权力一旦被少数人滥用,超越了法律的界限,就可能滋生腐败,扰乱市场。为了防止权力的滥用,需要对权力进行制约和监督。权力的监督和制约分为两个层面:一个是来自组织内部的监督和制衡,如公安局、检察院、法院三者相互制约;另一个是来自外部其他组织或个人的监督。政府、社会组织、企业不仅要建立健全内部的监督制约体系,避免某个权力中心或者个人权力的膨胀导致的灾难性、破坏性事件对组织和社会造成的巨大危害;还要建立"双向评价"机制,通过双向打分、双向评价,

形成责任主体闭环式的约束机制,促进双方约束行为,规范管理。

政府要切实履行职能,加强对社会组织、企业的监督。政府应当牵头构建信用评价体系,推进政府、社会组织、企业信息公开,形成政府监管、社会监督、网络监督和自我监督相结合的多元化监督机制,全面考察与评价企业和社会组织遵纪守法、诚信经营、发展现状,以及负责人思想政治表现、履行社会责任情况等内容,及时查处扰乱市场秩序、违法违规经营的企业和社会组织,维护市场经济秩序,增强社会组织整体的公信力。

社会组织要勇敢发声,加强对政府、企业的监督。通过制定完备的行业规章制度,推动行业自律和自我管理;监督各类市场主体行为,保护消费者权益;维护市场秩序、监督政府行为,做好政府和企业的"中间人",做好政府不便直接管理或者直接管理难以完成的工作内容,推动政府职能转变纵深发展。赋予企业、社会组织评价主管部门(或行业协会)的权利,倒逼政府(或行业协会)规范管理。应设置政府相关部门(或行业协会)服务企业满意测评,通过主动督查、受理举报、网络测评、年度综合互评等方式,提高企业参政议政的程度,提高相关单位和部门检验工作成效,改进和优化服务,检查、弥补和完善服务措施,以达到更好的管理服务目的和效果。

(四)加强领导,统一指挥,形成完善、有效的保障机制

制度管根本、管长远。在建设共同富裕的过程中,要想让政府、社会组织、企业合作持久、深远,就必须为合作建立切实有效的保障机制。

第一,加强党的领导,为政府、社会组织、企业联动提供组织保障。党的领导是我们各项事业取得胜利的根本保证,也是我们推进共同富裕建设的根本保障。中国近代历史已经充分证明,只有共产党才能救中国。中国人民历经磨砺,对于中国共产党的领导对民族命运、国家安危和个人安危的重要作用有了更加深切的认识,从而更加拥护和信赖中国共产党。中国共产党作为一个成熟的大党,已经具备了领导中国人民乘风破浪、坚定改革的能力。坚持和完善党的领导制度体系,发挥党中央集中统一领导的政治优势,是促进政府、社会组织、企业三者合作持久、深入,实现共同富裕的有力保障。面对区域差别、城乡差别、收入差距等发展不平衡不充分的突出问题,

只有党中央能够发挥政治优势,进行宏观调控,统筹兼顾、协调各方,按照全国一盘棋的发展思路,采取措施逐步缓解,直至有效解决。因此,要充分发挥各级党组织的战斗堡垒作用,为共同富裕的建设提供重要的组织保障。

第二,坚持社会主义基本经济制度,为政府、社会组织、企业联动提供制度保障。社会主义基本经济制度是党和人民的伟大创造。坚持以公有制为主体、多种所有制经济共同发展的基本经济制度,以及以按劳分配为主体、多种分配方式并存的分配制度,既能够发挥市场经济的优越性,又能够充分发挥政府的宏观调控作用,既提高了效率,又兼顾了公平。社会主义市场经济体制既可以充分发挥市场在资源配置中的决定性作用,又能够保障发展成果全民共享,推动社会主义市场经济体制与共同富裕价值目标相统一。

第三,形成切实可行的激励机制,为政府、社会组织、企业联动增添动力。应将政府、社会组织、企业的互动考核情况纳入地方政府部门年度综合目标绩效考评,重点对机制运行、问题台账的建立和处置,以及企业、社会组织的满意度测评情况进行量化考核,同时,组织专班开展调研督导,对考核结果逐项分析,查找不足。对于成效明显的,纳入好评榜,及时推广典型经验,给予表扬和激励,并作为干部选拔任用、评先评优的重要依据;对于不作为、乱作为的,坚决执行考核扣分问责,列入差评并进行通报,倒逼改进工作作风。

第三节　政府、社会组织、企业应避免进入的误区

一、政府部门在共同富裕建设中应避免进入的误区

(一)要善治而非善政

治理理论主张多中心治理模式,主张社会组织、企业共同参与社会治理,它强调权力的分散和治理效果的呈现,认为政府的职能应当从管理向治

理转变,从善政向善治转变,主张政府部门将国家的部分权力主动归还给社会和公民,带有明显的"去国家化"或"国家回退"的倾向。不过需要注意的是,尽管治理理论主张政府部门应当把权力归还给人民,缩小政府职能范围,但并不意味着政府要完全放权,而是认为政府应当保留必要的权力和权威,政府仍然是多中心治理中的主导者。它主张在削弱国家力量的同时,引入社会力量参与社会治理。该理论并非否定国家或政府的作用,而是希望寻找一种更适合当代社会的治理模式,通过对公共权力体系的重构来提升社会治理效率和效果。

　　共同富裕作为一个前所未有的实践,对政府的执政能力也提出了空前的挑战,面对愈发复杂的国内外环境变化,单纯依靠政府力量协调各种利益主体之间的关系以及提供公共服务已经无法适应人民日益增长的多元化需求,政府职能的有限性、社会发展的复杂性、人民需求的多样性决定着未来政府在职能转变的过程中需要学会善治,以激发各类社会主体的活力,政府要将更多的事务交给社会力量,与其合作共治。在由善政迈向善治的过程中,政府要在与社会力量共治的过程中重新定位职能和角色,对公共权力结构体系进行重塑。在新的治理模式中,政府不再是最高且唯一的权威,而是多个主体中的一员,并且伴随着合作伙伴的成长和实力的增强,以及公民意识的觉醒,政府的最佳角色应当定位为"同辈中的长者",政府和其他治理主体本质上应当是"同辈"关系,但"长者"的身份意味着其需要承担主导作用。因此,政府需要收起高高在上的姿态,摆正定位,认清自身与其他治理主体之间的"同辈"关系,合作共治,同时,还要在治理网络中挑起大梁,发挥引领和主导作用。具体来说,第一,要履行好政府最基本的职责,做好基础性的工作。关于政府的基本职责,不同国家和地区之间存在差异,不同的学者也有不同的见解和看法。世界银行在1997年的世界发展报告中将政府的核心使命概括为以下五项:一是确定法律基础;二是保持一个宽松的政策环境,包括保持宏观经济的稳定;三是投资基本的社会服务和社会基础设施;四是保护弱势群体;五是保护环境。在这些基础性工作的领域,政府依然应当承担起最主要的工作和责任。政府只有切实履责才能赢得其他主体的尊重,保持其权威性。第二,做好社会事务治理网络的组织工作。政府需要根据所面临的任务和问题,选择恰当的相关主体纳入治理网络,并做好相关的组织、服务、保障和引导工作,带领大家建立共同愿景,通过合作协商来共同治理。第三,做好合作共治的保障工作。当出现集体决策失误、内部冲突、社会矛盾加剧等治理失败的倾向时,政府应及时"救火",以自身的资源优势和"长者"权威来重新凝聚共识,采取补救措施重塑合作。

(二)要法治而非限制

法律是治国之重器,法治是国家治理体系和治理能力的重要依托。全面推进依法治国是解决党和国家事业发展所面临的一系列重大问题,解放和增强社会活力、促进社会公平正义、维护社会和谐稳定、确保党和国家长治久安的根本要求。要推动我国经济社会持续健康发展,推动共同富裕建设,就必须全面推进社会主义法治国家建设,从法治的角度为解决这些问题提供制度化方案。当前,我们党面对的改革发展稳定任务之重、矛盾风险挑战之多前所未有,依法治国在党和国家工作全局中的地位更加突出、意义更加重大。全面推进依法治国是关系我们党执政兴国、人民幸福安康、党和国家长治久安的重大战略问题,是完善和发展中国特色社会主义制度,以及推进国家治理体系和治理能力现代化的重要方面。对于政府而言,依法治国的能力也是政府执政能力的体现,是国家长治久安的基石,必须坚持依法治国、依法执政、依法行政共同推进,坚持法治国家、法治政府、法治社会一体建设。

在看待和处理市场、社会组织的问题上,政府部门更要坚持依法治理,既要坚持社会主义市场经济体制,完善相应的法律法规,保障各类企事业单位、社会组织的合法权益,打击各类侵害消费者权益、扰乱市场秩序的不良行为,为各类市场主体发展创造良好的政策环境、法治环境和市场环境,同时,也要遵循市场经济的一般规律,把政府的职能限制在合理的范围内,从市场机制能够自发解决的领域中退出,回到市场经济条件下政府宏观调控的领域中去,以保证市场机制更好地发挥作用。政府要更好地发挥作用,就要主动改变计划经济体制下的不良思维方式和行为习惯,尽量减少不合理的价格干预、宏观调控,避免给各类市场主体施加过多的限制,认识到市场经济是资源配置最有效的方式,社会主义市场经济体制下的资源配置效率是远远高于计划经济的。过于频繁、不恰当的调控不仅不能促进经济的发展,反而可能出现消极阻碍作用,引起频繁的经济波动,使得人们将注意力聚集在政府政策走向而非市场规律上,诱发短期行为和投机心理。因此,发挥政府的经济职能首先就是要保障市场机制的作用得以充分发挥,然后在市场机制难以触及的领域尽可能少地、科学地进行宏观调控。

(三)要"掌舵"而非"划桨"

伴随着 20 世纪 30 年代资本主义经济危机的发生,主张政府干预经济的凯恩斯主义强势崛起,政府部门对市场经济和社会生活进行干预的思想观念占据上风,赢得了越来越多的认可。特别是第二次世界大战以后,为了缓和阶级矛盾,打破市场经济的周期性衰退,欧美各国先后实施了福利国家的有关政策,进入了政府迅速"增肥"的阶段,社会公共支出日益庞大。与此同时,公民的权利意识也逐步觉醒,个性化需要日益增加,人们对政府部门提出了更高的要求,教育、医疗、基础建设、治安管理等一系列公共服务问题都亟待政府牵头解决,政府的负担越来越重。就我国的情况来看,更是呈现出"强政府、弱社会"的特点,政府承担着人民社会生活中绝大多数的公共事务和服务,肩负着建设社会主义现代化强国的历史使命,政府被赋予或者自动承担了很多的责任和期待,成为我国公共资源和集体利益的最大维护者与强势推动者。因此,政府在社会事务的治理当中自然而然地成为最具权威乃至唯一的治理主体,"掌舵"与"划桨"一肩挑。这种单一主体治理的模式极易导致政府权力的膨胀、机构的臃肿和治理效率的低下。

各国的理论和实践都表明,单纯依赖某一主体治理公共事务的模式已经不再适应社会发展和时代的要求,并且无法满足人民日益增长的多元化需求。它要求政府放下高高在上的身段,主动构建多元化的社会治理格局,将一些公共部门、社会组织、私营组织代表都纳入治理网络体系中来,带领它们一起共同参与社会公共事务的处理。政府需要摆正心态,重新定位自身的角色,政府与其他主体之间应该是"同辈"的关系、伙伴的关系,互相依赖,共同合作,协商共治,而非某一方独大。政府在进行社会事务治理时,应杜绝大包大揽的思想和行为倾向,根据需要和工作性质来确定采用哪种机制更有利于提高效率和效益,同时,要积极推动民主协商,通过民主协商、契约缔结来推动合作共治,而不能简单地利用强权进行压制。总的来说,共同富裕的建设任重而道远,不仅需要市场机制参与运作,更需要广大群众的参与和社会各界的强力合作,发挥政府和市场以外的其他社会机制的重要作用。运用各种政策引导、激发各类主体共建共享以及实现共同富裕的积极性。

二、企业在共同富裕建设中应避免进入的误区

(一)把"机遇"当"威胁"

共同富裕作为我们党矢志不渝的价值追求和全国人民的共同期盼,其内涵一直在不断地丰富和拓展,党和国家的历任领导人都对共同富裕有过不同角度的解读和论述。习近平总书记在《扎实推动共同富裕》中指出,"我们说的共同富裕是全体人民共同富裕,是人民群众物质生活和精神生活都富裕,不是少数人的富裕,也不是整齐划一的平均主义。""要防止社会阶层固化,畅通向上流动通道,给更多人创造致富机会,形成人人参与的发展环境,避免'内卷'、'躺平'。""要允许一部分人先富起来,同时要强调先富带后富、帮后富,重点鼓励辛勤劳动、合法经营、敢于创业的致富带头人。"①共同富裕建设实际上是通过畅通阶层向上流动的通道,给更多人提供劳动致富的机会,形成人人参与、成果共享的发展环境,提高人民受教育程度,增强人民的发展能力,提高就业创业能力,增强致富本领,让每个人都拥有人生出彩、梦想成真的机会,促进全社会人力资本和专业技能平均水平提高。共同富裕既不会"劫富济贫",搞平均主义,也不会加重企业的税收负担,给企业的正常市场行为增设障碍,挤压企业的利润和发展空间。共同富裕是通过制度的优化、环境的改善,为积极奋斗、勤劳肯干的人提供更多的机遇和平

---

① 习近平.扎实推动共同富裕.(2021-10-15)[2022-07-18].http://jhsjk.people.cn/article/32255147.

台,为市场经济提供更加宽松的发展环境,为企业发展提供更广阔的发展空间,从而不断激发全社会劳动致富、奋斗致富、集体致富的内生动力,让一切知识、技术、劳动、管理、资本等生产要素充分流通,竞相迸发活力,共同奋斗实现共同富裕。这对于依法经营、诚实守信、勇于承担社会责任的企业而言,是一个千载难逢的契机。

在共同富裕建设过程中,企业,特别是大中型企业可集中自身所具备的各种人、财、物、信息、技术、管理等资源优势,加强对既符合企业战略利益,又能带动当地经济发展的区域的开发,既可扩大企业的生产和经营范围,给企业的发展创造新的增长点,又能够帮助当地振兴经济,促进就业,吸纳劳动力,帮助当地人民脱贫致富,实现双向互动、合作共赢。企业还可以通过社会捐赠、慈善公益等方式帮助落后地区发展基础教育、开展培训,扶弱济贫,推动当地经济社会事业发展,帮助地方政府发展经济,带动人民脱贫致富,虽然企业需要拿出一部分资金,但是这种慈善行为本身既可以获得政府的税收减免政策优惠,又可以提升企业的社会形象和美誉度,提高市场占有率,从长远和总体效益来看,对企业的发展仍然是利大于弊。因此,企业应抓住共同富裕建设的历史契机,诚信经营、依法经营,在法律许可的范围内创造财富、促进就业、推动科技创新,用优质的产品和服务获取利润、回馈社会,将企业未来发展走向与国家的产业导向结合在一起,将个人命运与国家发展结合在一起,带领更多的人一起走向共同富裕。

(二)把"管理"当"束缚"

正常情况下,市场会以其内在的机制维持其正常的运行,各市场主体在市场中依法经营,正常交易,在自由竞争中形成了市场经济中的价格机制、供求机制和竞争机制。这些机制如同一只"看不见的手"在默默地支配着每个市场主体自觉按照市场规律运行。这种理想的状态是建立在所有的市场主体都是理性的"经济人"的假设和完全竞争的市场环境之上的,但是现实中这两个条件难以实现。出于人的私欲和企业追逐利润最大化的天性,以次充好、假冒伪劣等严重违反交易规则和扰乱市场秩序的事件时有发生。这必然需要寻求有关部门的监督、管理、协调,以确保市场环境健康、稳定,使集体利益得到保障。政府作为公共服务的代言人,最具权威性,政府恰当的干预不仅不会损害企业的正常利润,而且会通过净化市场环境,维护市场秩序,给企业创造更优质的运行环境从而提高企业的利润。

市场在配置资源方面也有着其固有的缺陷,使得市场偶尔也会出现失灵的情况。例如:市场无法解决公共物品的生产问题;国民经济正常发展所必需的公共基础设施等不以营利为目的的投资项目很难通过市场机制解决,而这又是企业自主运行的基础。市场无法解决外部性问题会使得生态、环保等社会效益大于经济效益的领域由于市场失灵而出现资源的错配甚至少配。由此可见,市场可以提高效率,企业可以自主经营,但是完全由企业根据市场化的原则进行运作必然会导致公共利益的受损。政府适时、适当的介入能够有效地弥补市场配置资源固有的缺陷,减少由市场失灵带来的消极影响。企业需要正确看待政府管理在市场经济运行中的积极作用,积极配合政府正确、合理的市场管理行为。

(三)把"责任"当"负担"

社会上有不少人认为,企业的社会责任是义不容辞的,但企业首先要考虑经济利益最大化,进而才可能考虑承担更多的社会责任。这种观点实际上是将企业追求经济利益与履行社会责任对立起来,好像企业要履行社会责任就会影响其经济利益,而追求经济利益就无法履行社会责任。而实际上,企业的社会责任与经济利益并不矛盾,甚至是相辅相成、相得益彰的,其中的关键就在于如何摆正、处理好社会责任与经济利益的关系,避免出现顾此失彼的现象。

正常情况下,企业争取经济利益的过程也是实现社会责任的过程。因为如果企业不存在损人利己、制售假冒伪劣、破坏市场秩序、损害公平正义的情况,追求经济利益时就必然会承担社会责任。譬如在建设共同富裕的过程中,企业通过研究开发具有核心竞争力的技术和产品,且领先于其他企业,那么企业就不仅可以获取高额利润,产生很大的经济效益,给消费者提供最符合自身需要的高科技产品、高质量服务,并且可以通过缴纳更多的税收,以及吸纳更多的高科技人员和普通员工,履行纳税义务、承担就业责任、提供公共服务。站在企业的角度来看，企业利益实现最大化；站在员工的角度来看，员工获得了利益回报和收入提升，进而促进消费，稳定经济增长；站在消费者的角度来看，享受了高质量的产品和服务；站在全社会的角度来看，生产效率得以提高，生产力进一步向前发展，从而带动更多的人过上富裕的生活。因此，企业不应将共同富裕的建设看作一种额外负担，而应该实实在在地经营，通过技术研发与产品开发等增强企业的核心竞争力，尤其是国际市场竞争力，最终实现企业经济利益和社会责任的高度融合与统一。反之，如果企业一味逃避社会责任，为追求眼前短暂的经济利益，只说不做、丧失底线，那么最终必将被市场所淘汰，进而连基本的生存都难以保证。

三、社会组织应当避免进入的误区

（一）要合作，不要依赖

非政府性是社会组织的基本属性之一，这是其区别于政府的根本属性，也是其赖以生存的重要特性。然而，受我国经济、政治体制，文化传统，管理制度等多方面的影响，我国社会组织发育相对迟缓，有相当一部分非营利组织是由各级党政机构直接创办的，或者本身就是从党政机构转变过来的，抑或是由原党政官员及与党政机构关系密切的知名人士创办的。这些组织不仅主要的资源来源于党政机关，且在观念、组织、职能、活动方式、管理体制等各个方面都严重依赖政府，甚至有时能够作为政府的附属机构发挥作用。同时，资金匮乏、社会资源动员能力不足等问题也深深制约着社会组织的发展。中国社会科学院社会学研究所与社会科学文献出版社共同发布的《慈善蓝皮书：中国慈善发展报告（2022）》显示，2021年全国社会公益资源总量（社会捐赠总量、全国志愿服务贡献价值和彩票公益金三者之和）预测为4466亿元人民币，较2020年增长8.57%，其中，社会捐赠总量为1450亿元人民币，彩票公益金总量为1062亿元人民币，志愿者服务贡献价值折现为1954亿元人民币，分别较2020年增长-5.48%、10.64%和20.62%。在慈善资源总量持续增加的背后，社会组织的发展依然存在多方面的问题：一是社会组织的公信力再次受到质疑。个案筹款、抗疫物资的分配及发放、大病众筹平台公益属性和运营模式、性骚扰及反对家庭暴力、保障妇女儿童合法权益、"99公益日"举报与惩罚机制等议题都引发了公众的质疑与争议。二是社会捐赠总量下跌与分布不均。相比2020年，社会捐赠总量下跌了5.48%，且这些捐赠资金主要涌入一些在全国影响力大的、知名的社会组织，许多小型的、影响力弱的社会组织依然深受资金匮乏的困扰，主要依靠政府资助生存。

从某种程度上来说，政府成了社会组织的最大客户，政府资助与否直接影响着社会组织的生死存亡，这就不可避免地影响了社会组织和政府之间平等合作的关系，增强了社会组织对政府的依赖性。与此同时，政府能够用于支持社会组织的公共资金也很有限，这也致使社会组织资金状况总体欠佳，常因资金短缺而很难维持"生计"，进而陷入困境。清华大学NGO研究所公布的调查数据显示，目前只有五分之一的民办非企业单位认为组织的资金状况良好，而37.3%的民办非企业单位则表示资金缺乏。这也直接导致社会组织在项目申请、运行、考核过程中，为了争取资金不得不迎合不同方面的各项指标和需求，间接导致其独立性大大削弱。①

因此，社会组织要想真正有所发展，并在共同富裕建设中发挥应有的作用，就必须克服"等、靠、要"的思想，要摆正心态，以平等、合作的心态看待其与政府、企业和其他社会组织的关系，既要积极争取并且善于利用政府的扶持资金、优惠政策，也要努力挖掘、整合其他社会资源，积极构建社会关系网络、社会组织网络联盟等来增强、壮大自身实力，促进行业发展。第一，发挥所长，积极争取、承办好政府购买服务项目，以优质的服务为组织的发展积累资金。第二，加强与企业之间的合作，积极获取企业的资金、人才、技术等方面的支持。第三，积极构建、融入社会组织联盟，发挥与其他社会组织的合作效应。社会组织联盟类似于企业之间构建的行业协会，它是由社会组织缔结而成的组织联盟，意在通过信息互通、资源互补、相互协作来增强自身能力，促进行业整体提升的一种合作模式。它能够有效整合资源，发挥优

---

① 夏雪.发展社会组织，要"管"更要"理".光明日报，2018-05-25(2).

势,增强社会组织的抗风险能力,有利于社会组织,特别是资源动员能力有限的中小型社会组织获得组织发展所必要的社会支持和服务。因此,社会组织要转变思想,积极构建、融入社会组织网络联盟,促进社会组织之间相互沟通、交流和分享,建立社会组织之间相互支持与协作的机制,推动社会组织之间开展各种积极的竞争与协作。通过合作形成双方优势互补的局面,通过竞争提升组织的核心竞争力。

(二)要诚信,不要失信

在市场经济环境下,信用是企业经营的基石,同样也是社会组织的生命线。尽管社会组织的影响力日益提升,在政治、经济、文化等多个领域发挥着日益重要的作用,但是从整体来看,我国社会组织发展程度与发达国家相比还远远不够,特别是社会组织机构不健全、内部治理不完善、信息不透明等问题导致的社会组织乱象频出,各种违约、失信行为不断,资金滥用、负责人内幕交易等情况时有发生,有的甚至违背组织公益性质,打着公益的幌子变相敛财。这些缺失诚信的行为严重损害了现代社会组织的公信力和社会形象,影响了社会组织的可持续发展。因此,推进社会组织诚信建设,提升社会组织公信力,增强民众对社会组织的信任就显得十分重要。社会组织要充分意识到诚信是社会组织的生命线,坚持依法运行、规范管理、公平竞争,坚持正确的政治方向,严格遵循国家法律法规,自觉践行社会主义核心价值观,主动增强自身的使命感和责任意识,不断提升自身公信力和行业自律水平,为共同富裕建设做出应有的贡献。

第一,加强宣传,扩大影响。熟悉和了解是建立积极、友好关系的前提和基础。社会组织要想取信于民,首先应当以积极主动的姿态充分利用各种新闻媒体和媒介加强宣传,扩大社会影响力,提高社会知名度和美誉度。要积极建立和维护与网络、电视、广播等主流媒体的友好合作关系,主动向媒体提供各种正面新闻素材,提升社会组织的正面形象。此外,应该充分利用各种新媒体、自媒体来扩大宣传,如建立自己的网站、微博、公众号等,丰富社会组织宣传渠道;也应该提高品牌营销意识,打造特色产品和活动,不断提高自身影响力。第二,社会组织应该充分调动群众的积极性,挖掘各种可以利用的人、财、物等有形资源,以及群众的满意度和忠诚度、组织的品牌效应等各种无形资源。应从全国层面建立募捐机制或者公共的募捐平台,由公共的募捐组织根据需要对所募集的财物进行分配,但是要注重分配机制本身的公平性和信息的透明性,以防止滋生腐败和其他问题。同时,各类社会组织也应加强自身资源整合能力建设,培养志愿者的资源整合意识,拓展资源整合的各种渠道和方式。第三,积极主动融入信用评价体系,自觉遵守国家有关的条例和制度,服从政府部门的监管。积极配合相关部门推进信息公开,通过对社会组织信用信息的收集、记录、储存、传递和公开,使诚信者受益,失信者受损,倒逼社会组织诚实守信,主动约束和规范工作人员的职业操守与行为,进而提升社会组织的公信力,增强群众对社会组织的信任,提升社会组织的话语权和影响力,推进社会组织参与社会治理,发挥社会组织应有的作用。

(三)要担当,不要胆怯

社会组织具有提供公共服务、代表群众表达诉求、承接政府部分转移职能、加强行业自律等作用,可以有效弥补政府失灵和市场失灵,承担着重要的社会责任,在共同富裕建设中意义重大。社会组织来自社会,更要服务于社会,这样才能体现出其存在的价值。这也是社会组织的重要社会责任。社会组织必须不断加强自身建设,努力提升服务能力,才能更好地服务社会、服务政府、服务群众。要积极参与社会管理,主动承接政府部分公共服务职能,完善公共服务,解决社会问题,缓解政府压力,促进社会公平,构建和谐社会,特别要发挥基层社会组织在参与基层工作、创新基层社会治理中的积极作用,主动参与到社区事务、社区发展中来,为政府建言献策,为群众排忧解难。

支持型社会组织要注重发挥自身的公益属性和资源优势,积极为中小型社会组织发展提供全方位的支持。从各国的实践来看,支持型社会组织只有立足使命,做好服务,方能凸显其存在的意义和价值。特别是一些政府赋权的组织,要扭转"二政府"的错误认知,找准自身的角色定位,明确组织的宗旨和使命,支持和服务好目标群体。服务型社会组织要扎根社区,为社区群众提供优质的社会服务是社会组织立足的根本。社会组织是为了提供某些服务或者实现某一使命而存在的,社会组织应当始终坚守自身的使命,不断优化自己的服务,给人民提供更加优质的服务和愉悦的体验,提升人民的满意度和忠诚度,从而激发人民为社会组织奉献的热情,为组织的发展获取更多的社会资源。一方面,社会组织应尽量丰富产品和服务;另一方面,要不断提高自身的专业技能,切实履责,在接受政府或其他组织的委托时,要保质保量完成,以提高自身信誉。

要坚决维护群众权益,既要发挥好渠道作用,以合法的形式将基层信息、群众的安危冷暖传递给上层主管部门,同时把党和政府的政策、法规传递给人民群众,引导人们正确理解与把握党和政府的政策方针,也要发挥好政府助手的作用,协助政府部门正确处理好不同利益群体之间的利益关系,切实保障人民群众的合法权益和整体利益。要努力推动广大人民群众有序参与政治生活,把不同的利益群体有效地组织起来,让公众通过社会组织依法有序参与社会事务管理和提供公共服务。要重点培育公信力,积极承担社会公益服务,有效弥补市场失灵和政府失灵。

参考文献

[1]《慈善蓝皮书：中国慈善发展报告（2022）》在京发布.（2022-11-04）[2023-03-23]. https://www.cqcb.com/yizixun/2022-11-04/5074996_pc.html.

[2]奥利弗·谢尔登.管理哲学.刘敬鲁,译.北京：商务印书馆,2013.

[3]本刊评论员.探索中国特色社会组织建设与管理的成功实践——社会组织改革创新发展六十年的经验与启示.社团管理研究,2009(10):11-13.

[4]庇古.福利经济学.朱泱,张胜纪,吴良建,译.北京：商务印书馆,2006.

[5]曹闻民.政府职能论.北京：人民出版社,2008.

[6]陈国权.社会转型与有限政府.北京：人民出版社,2008.

[7]邓永飞.米谷贸易、水稻生产与清代湖南社会经济.中国社会经济史研究,2006(2):45-54.

[8]杜创国.政府职能转变论纲.北京：中央编译出版社,2008.

[9]多丹华,李景山.卡罗尔企业社会责任模型的分析与借鉴.经济师,2012(2):25-26.

[10]樊磊.共同富裕专题报告："共同富裕"之路的机遇与风险.（2021-09-23）[2021-09-23]. https://baijiahao.baidu.com/s?id=1711675352671672129&wfr=spider&for=pc.

[11]菲利普·科特勒.企业的社会责任.南希·李,译.北京：机械工业出版社,2011.

[12]顾建键,马立,布鲁斯·哈迪,等.非政府组织的发展与管理——中国和加拿大比较研究.上海：上海交通大学出版社,2009.

[13]郭杰忠.实践和发展：马克思主义生产力理论研究.南昌：江西出版社,2008.

[14]国家统计局：1979—2018年我国经济年均增长9.4%.（2019-07-01）[2022-07-25]. https://www.sohu.com/a/324133028_255783.

[15]国家知识产权局：我国发明专利有效量为421.2万件.（2023-01-16）[2023-03-23]. https://www.360kuai.com/pc/976f2a93155d5f848?cota=3&kuai_so=1&sign=360_7bc3b157.

[16]何自力."四个全面"战略思想是实现共同富裕的强大动力.南京政治学

院学报,2016(2):1-5,140.

[17] 贾康,程瑜,于长革.优化收入分配的认知框架、思路、原则与建议.财贸经济,2018(2):5-20.

[18] 刘藏岩.民营企业社会责任研究.杭州:浙江大学出版社,2010.

[19] 刘长明.共同富裕思想源流考.济南日报,2018-04-03(A08).

[20] 路德维希·艾哈德.来自竞争的繁荣.祝世康,穆家骥,译.北京:商务印书馆,1983.

[21] 莫炳坤,李资源.十八大以来党对共同富裕的新探索及十九大的新要求.探索,2017(6):15-22.

[22] 任玉岭.启动内需须缩小四大差距.中国经济周刊,2012(1):31-32.

[23] 司马光.资治通鉴.北京:北京联合出版公司,2016.

[24] 司马迁,张守节.史记.北京:中华书局,1982.

[25] 宋功德.建设法治政府的理论基础与制度安排.北京:国家行政学院出版社,2008.

[26] 孙居涛.制度创新与共同富裕.北京:人民出版社,2007.

[27] 陶冬林.马克思主义视域下的中国梦.老区建设,2016(2):9-11.

[28] 汪波."政治理性人"的基本逻辑——政治学基本人性假设的新思路.海南大学学报(人文社会科学版),2008(1):12-16.

[29] 王东京,田清旺,赵锦辉.中国经济改革30年:政府转型卷.重庆:重庆大学出版社,2008.

[30] 王劲颖,沈东亮,屈涛,等.美国非营利组织运作和管理的启示与思考——民政部赴美国代表团学习考察报告.社团管理研究,2011(3):19-25.

[31] 为促进全体人民共同富裕探索路径——就支持浙江高质量发展建设共同富裕示范区访国家发展改革委有关负责人.(2021-06-10)[2022-07-25].http://www.gov.cn/zhengce/2021-06/10/content_5616869.htm.

[32] 习近平:坚定改革开放再出发信心和决心 加快提升城市能级和核心竞争力.人民日报,2018-11-08(1).

[33] 习近平.在党的十八届五中全会第二次全体会议上的讲话(节选).求
　　　是,2016-01-01(1).

[34] 习近平.扎实推动共同富裕.(2021-10-15)[2022-07-18].http://jhsjk.
　　　people.cn/article/32255147.

[35] 习近平:顺应时代前进潮流 促进世界和平发展——在莫斯科国际关系
　　　学院的演讲.(2013-03-24)[2022-08-25].http://jhsjk.people.cn/
　　　article/20893328.

[36] 习近平:在庆祝中国共产党成立100周年大会上的讲话.(2021-07-01)
　　　[2022-09-03].http://jhsjk.people.cn/article/32146278.

[37] 习近平在中国共产党第十九次全国代表大会上的报告.(2017-10-18)
　　　[2022-07-28].http://jhsjk.people.cn/article/29613660.

[38] 夏雪.发展社会组织,要"管"更要"理".光明日报,2018-05-25(2).

[39] 咸怡帆.社会主义共同富裕:理论、现实及路径探析.改革与战略,2018
　　　(1):52-55.

[40] 肖华茂.承担社会责任 确保企业可持续发展.中国科技信息,2006(1):
　　　47-48.

[41] 新思想的精髓要义——习近平新时代中国特色社会主义思想的精神实
　　　质和丰富内涵.人民论坛,2017(34):12-13.

[42] 新闻办就市场主体登记注册改革发展40年有关情况举行新闻发布会.
　　　(2018-12-25)[2022-07-25].https://www.gov.cn/xinwen/2018-12/
　　　25/content_5352060.htm.

[43] 邢军.马克思主义信仰对实现"中国梦"的意义.人民论坛,2014(8):
　　　216-218.

[44] 亚当·斯密.国富论.郭大力,王亚南,译.北京:商务印书馆,2015.

[45] 亚当·斯密.国民财富的性质和原因的研究(上卷).北京:商务印书馆,
　　　1972.

[46] 亚里士多德.政治学.北京:商务印书馆,1965.

[47] 杨海坤,章志远.中国特色政府法治论研究.北京:法律出版社,2008.

[48] 袁家方.企业社会责任.北京:海洋出版社,1990.

[49] 袁家军.扎实推动高质量发展建设共同富裕示范区.(2021-10-16)[2022-07-28]. http://www. qstheory. cn/dukan/qs/2021/10/16/c_1127959679. htm.

[50] 袁雄,邓泽宏.企业社会责任理想模型的建构——基于企业生命周期理论.重庆交通大学学报(社会科学版),2014(1):57-60.

[51] 曾铮.市场有效 政府有为 扎实推进共同富裕.光明日报,2021-08-24(11).

[52] 张维迎.看不见的手看得见的企业家.中国经济导报,2009-10-17(B06).

[53] 赵振华.政府+市场:实现共同富裕的基本方略.中国经济周刊,2007(3):24-25.

[54] 浙江高质量发展建设共同富裕示范区实施方案(2021—2025 年).(2021-07-20)[2022-07-18]. http://www. zjwmw. com/ch123/system/2021/07/20/033116989. shtml.

[55] 中共中央 国务院关于支持浙江高质量发展建设共同富裕示范区的意见.(2021-06-10)[2022-07-25]. http://www. gov. cn/zhengce/2021-06/10/content_5616833. htm.

[56] 中共中央关于构建社会主义和谐社会若干重大问题的决定.(2006-10-11)[2022-07-18]. http://www. gov. cn/govweb/gongbao/content/2006/content_453176. htm.

[57] 中国现代国际关系研究院课题组.外国非政府组织概况.北京:时事出版社,2010.

[58] 中华人民共和国 2021 年国民经济和社会发展统计公报.(2022-02-28)[2022-07-25]. http://www. gov. cn/xinwen/2022-02-28/content_5676015. htm.

[59] 朱敏静.履行社会责任 企业转向"造血".信息时报,2018-12-29(D05).

[60] 宗开宝.共同富裕论——思想理论与实证.北京:中国环境科学出版社,2011.

附　录
杭州市社会组织公信力调查问卷

尊敬的女士/先生：

您好！感谢您花费宝贵的时间填写本问卷。本问卷旨在调查杭州市社会组织在普通群众中的公信力(让群众信任和满意的程度)情况,本次调查采用无记名的形式,所获数据仅供研究使用,决不对外公开或用作其他用途。本调查答案没有对错之分,请根据自己的实际情况,在相应的选项处打"√"或在"_____"处写上您的意见。衷心感谢您的支持！

浙江金融职业学院

第一部分　公信力调查

1.您对社会组织了解吗？(限选一项)

　　A.非常了解　　　　B.比较了解　　　　C.一般　　　　D.不太了解

　　E.毫不了解

2.您主要通过哪些渠道了解社会组织信息的？(可选多项)

　　A.电视、广播　　　B.网络媒体　　　　C.报纸杂志　　D.家人或朋友介绍

　　E.社会组织官方网站　　　　　　　　F.各类社会组织活动

　　G.公交车、地铁等户外广告牌　　　　H.其他(请注明)_____

3.您对社会组织的印象如何？(限选一项)

　　A.非常好　　　　　B.比较好　　　　　C.一般　　　　D.不太好

　　E.很不好

4.当您遇上困难时,更倾向于向哪类组织求助？(限选两项)

　　A.政府组织　　　　B.社会组织　　　　C.企业组织　　D.新闻媒体

　　E.宗教组织　　　　F.其他(请注明)_____

5.您对社会组织为您或他人提供的服务(救助或活动)是否满意？(限选一项)

　　A.非常满意　　　　B.比较满意　　　　C.一般　　　　D.不太满意

　　E.很不满意

6.您如果对社会组织不满意,原因是哪些?(可选多项)

    A.服务水平低   B.工作效率低   C.诚信程度低   D.信息不透明

    E.官方色彩浓厚   F.管理混乱,难辨好坏   G.其他(请注明)_____

7.您是否愿意为社会组织提供帮助?(限选一项)

    A.非常愿意   B.比较愿意   C.一般   D.不太愿意

    E.绝对不会

8.您愿意为社会组织提供哪些帮助?(可选多项)

    A.不愿意提供任何帮助

    B.愿意加入自己感兴趣的协会,并按时缴纳会费

    C.愿意捐赠物品   D.愿意提供志愿服务

    E.愿意捐赠资金   F.愿意参与其组织的活动

    G.愿意免费为其宣传   H.其他(请注明)_____

9.您愿意为哪些类型的社会组织提供帮助?(可选多项)

    A.任何一类都不会   B.教育事业   C.健康医疗   D.抗震救灾

    E.扶贫组织   F.环境保护   G.行业协会   H.基金会

    I.其他(请注明)_____

10.下列哪些因素可能会影响您对社会组织的捐赠或志愿服务?(可选多项)

    A.社会组织募捐的方式   B.社会组织影响力的大小

    C.社会组织信誉的好坏   D.社会组织运作效率的高低

    E.社会组织信息公开的程度   F.捐赠(或服务)的用途

    G.社会组织的服务内容   H.其他(请注明)_____

    其中,最重要的影响因素是_____(限选一项)

11.如果知道社会组织的信用情况,您是否会更愿意进行捐赠或志愿服务?(限选一项)

    A.肯定会   B.可能会   C.无所谓   D.不太会

    E.绝对不会

12.请您对下列机构的可信度进行评分(10分代表可信度最高,0分代表可

信度最低,请您在 0 到 10 之间选择您认为合适的分数写在选项后的横
线上)。

　A. 教育机构＿＿＿＿　B. 科研机构＿＿＿＿　C. 中央政府＿＿＿＿

　D. 地方政府＿＿＿＿　E. 国内门户网站＿＿＿＿　F. 国外网站＿＿＿＿

　G. 国内党报党刊＿＿＿＿　H. 国外报刊＿＿＿＿　I. 中央电视台＿＿＿＿

　J. 地方电视台＿＿＿＿　K. 国内社会组织＿＿＿＿　M. 国外社会组织＿＿＿＿

13. 你觉得目前社会组织的公信力状况如何?(限选一项)

　A. 非常好　　　　B. 比较好　　　　C. 一般　　　　D. 不太好

　E. 很不好

14. 您认为影响社会组织公信力的关键要素是什么?(可选多项)

　A 合法　　　　B. 诚信　　　　C. 使命　　　　D. 效率

　E. 评估　　　　F. 其他(请注明)＿＿＿＿＿＿

　其中,最关键的要素是(限选一项)

15. 你是否赞同社会组织的信息公开,让社会组织的运作公开、透明?(限选
　一项)

　A. 非常赞同　　　　B. 比较赞同　　　　C. 无所谓　　　　D. 比较不赞同

　E. 毫不赞同

16. 您认为以下哪些项目需要公开?(可选多项)

　A. 社会组织人员工资　　　　B. 社会组织各项费用使用情况

　C. 社会组织年度工作计划和总结　　　　D. 受助人信息

　E. 社会组织信用情况　　　　F. 社会组织重大活动或决策

　G. 其他(请注明)＿＿＿＿＿＿

17. 您认为目前社会组织的发展存在哪些问题?(可选多项)

　A. 相关法律法规不完备　　　　B. 政府重视程度不够

　C. 组织内部运行效率低　　　　D. 丑闻事件频出

　E. 没有统一的信用、信息平台　　　　F. 信息不透明

　G. 缺乏响亮的品牌　　　　H. 募捐方式单一,资源整合能力不足

　I. 社会影响力较小　　　　J. 服务层次较低

　　K.工作效率低下　　　　　　　　L.缺乏专业人才

　　M.其他(请注明)_____

18.您觉得社会组织未来应该怎样做?(可选多项)

　　A.提高工作效率　　　　　　　　B.实行信息公开

　　C.摆正和政府的关系　　　　　　D.增强自身资源整合能力

　　E.提升活动的层次和品质　　　　F.诚信经营,保障信誉

　　G.打造品牌　　　　　　　　　　H.提升社会影响力

　　I.引进专业的人才　　　　　　　J.其他(请注明)_____

19.您认为在社会组织的管理上,政府部门应该怎样做?(可选多项)

　　A 完善相关法律法规　　　　　　B.制定完备的信用等级评价机制

　　C.建立统一的社会组织信用、信息公开平台

　　D.加强对社会组织的监管

　　E.为社会组织的发展提供必要的支持

　　F.加快对社会组织的培养　　　　G.减少对社会组织的行政干预

　　H.其他(请注明)_____

第二部分　基础信息

1.您的性别____

　　A.男　　　　　　　B.女

2.您的政治面貌____

　　A.普通群众　　　B.中共党员　　　C.民主党派　　　D.共青团员

3.您的年龄____

　　A.18 岁及以下　　B.19—35 岁　　C.36—50 岁　　D.51—60 岁

　　E.61 岁及以上

4.您的文化程度____

　　A.初中及以下　　　　　　　　　B.高中、中专、中技、职高

C. 大专　　　　　D. 本科　　　　　E. 研究生及以上

5. 您的工作情况____

A. 公务员　　　　B. 事业单位职员　C. 公司职员　　D. 工人

E. 服务业从业者　F. 学生　　　　　G. 私营企业主　H. 自由职业者

I. 个体经营者　　J. 下岗失业　　　K. 离退休

L. 其他(请注明)_____

6. 您的月平均收入____

A. 1500 元及以下　　　　　　　B. 1501~3000 元

C. 3001~5000 元　　　　　　　D. 5001~10000 元

E. 10001 元及以上

后　记

历时两年,笔者的第一本书《共创共享:共同富裕背景下政府、社会组织、企业三体联动》终于出版了,内心颇为感慨、激动,如释重负之余又有点紧张不安。

写这本书的初衷是源于两年前《关于支持浙江高质量发展建设共同富裕示范区的意见》的实施,笔者在为这则消息感到振奋之余也在思考,自己能做些什么呢?毕竟共享的前提来源于共创,笔者能想到的就是利用自身所长为共同富裕的建设贡献一点自己的想法。根据自身的经历,最终选定从政府、社会组织、企业三体联动的角度去构思本书。笔者本科毕业于安徽师范大学社会工作专业,尽管接到录取通知书的时候对这个专业一无所知,但是不得不承认,四年的专业教育让笔者具备了一定的社会学思维,对社会组织也形成了一定的认知与了解。硕士研究生毕业后在上海市徐汇区体育局两年的工作经历也让笔者对行政管理有了更深的了解。后因个人原因到浙江金融职业学院工商管理学院工商企业管理专业任教,看问题的视角也转向了企业管理。多年的学习和职业生涯让笔者对行政管理、社会管理、企业管理三者有了一定的了解,而且能够站在不同的角度去观察、发现三者各自存在的一些问题。于是笔者就在想,是否能跳出各自的领域,探索一种让政府、社会组织、企业实现更好互动的机制,使三者既能通过改革解决各自内部的问题,又能发挥合力,更好地推动共同富裕建设呢?带着这种探索,笔者开启了本书的创作之旅。近两年的全身心投入让笔者对如何发挥政府、社会组织、企业的合力形成了一些粗浅的认识,虽有如同拨开迷雾的欣喜,但仍有不安与忐忑。笔者深感自身研究能力的不足,在这一问题上的研究还缺乏深度探索和实证支撑,这些都有待今后进一步加强。

当然,此时此刻内心更多的还是感恩之情,笔者成长至今,虽谈不上成功,但从小到大受到亲友、师长、领导的照顾颇多,使笔者的生活一直较为平顺,未遇较大坎坷,对此,笔者始终心怀感恩,感恩笔者在成长路上遇到的每一个人,感恩生活对笔者的宽容、友爱。在本书出版的过程中,笔者受到了来自单位领导、同事与亲朋好友的关心和帮助,特别是浙江金融职业学院工商管理学院的领导们,没有他们的大力支持,本书无法顺利面世;也感谢浙江大学出版社的编辑们,他们不仅给笔者提出了许多宝贵的意见,身上展现出的认真、细致、敬业以及一丝不苟的职业精神也让笔者十分钦佩、受益匪浅;同时也感谢肖明月、王丽等好友,以及教研室的同仁们,正是因为他们的鼓励,笔者才有勇气迈开这人生的第一步;还要感谢笔者的父母、家人、爱人、孩子,你们是笔者不断前进、积极向上的最大动力。感恩生命里的每一个人!

王　兰

2023 年 2 月